陈祖继　丛书主编

融合媒体系列丛书

FUSION MEDIA AND CHANNEL
PROGRAM OPERATION

融 媒 体 与 频 道 节 目 运 营

李万才　王孟广　编著

中国广播影视出版社

编委会成员

主　编　陈祖继

副主编　张乐平　吴　建　李晓川　徐先贵

编　委　（按姓氏笔画排名）

　　　　　万　平　于　宁　王　江　王孟广　白山杉

　　　　　李万才　李佳木　李　果　李晓川　刘益君

　　　　　谷　琳　张乐平　陈祖继　吴　建　陆　薇

　　　　　赵耘曼　高　力　徐先贵

序言

走进融媒体的时代

融合媒体，是当下媒体行业发展正在进行着的一场深刻的变革！

融合媒体是由以互联网为核心的新媒体与传统的各种媒体业态融合而来，并以全新的终端承载着互联网数字技术的发展，必然迅速改变受众的视野。

大众传媒发展到今天，随着数字技术、互联网技术的发展，传统的纸质媒体、电子媒体以及其他类型或材质的媒体从互不交涉、互不融合，发展到如今的以数字媒体为主——传播手段的改变，各类媒体特性、内容形态互为交融、互为融通、互为弥补，搭建起崭新的媒介平台，深化了大众传播手段——真正做到你中有我、我中有你，你就是我、我就是你，催生了媒介大融合——这就是融合媒体的内涵的真谛。

我们要认真学习《融媒体与频道节目运营》这门课程。

首先，我们要清醒地认识到融媒体的本质——从媒体的发展历史分析来看，我国印刷术发明后的纸质媒体，是最初具有实际广泛传媒力的公共媒介形态，直到19世纪40年代无线电的发明和广泛使用——广播这种传媒形态逐渐体现出便捷性，特别是时效性。第二次世界大战促使广播传媒突飞猛进，其后，电视媒体将视听融为一体，无论是纸媒、广播传媒、电视媒体都有其优势，但是随着互联网和移动媒体的出现，打破了三者之间各自为政的架构，"自媒体"互动的特点又加速了PC和移动终端视频的结合，逐渐将三者融合。数字技术的日臻成熟，数字技术的推广应用，新媒体必然融合传统媒体，展现一种适合当代媒体新媒介——融合媒体。剖析这种融合——媒体形态的融合，并非是一种简单的物理融合，而是一种内在的质变！

其次，从某种程度上来说，互联网（含物联网）、数字技术、大数据、云计算、人工智能，是以崭新的媒介形态出现的。新技术、新科技、新传播手段使其受众耳目一新，市场亦需要融合媒体，这是融合媒体能迅速发展的基础。

李万才教授和王孟广老师是业内资深传媒人，也是从传媒转到教育系统的专家。这两位老师都具有"双师双能型"鲜明特点，既对专业有深度把握，亲身践行"项目进课堂，教学到现场"的理念；又有深厚的艺术造诣，真正做到了理实结合。李万才教授将川传电影电视学院"五自三出"的办学理念，有效地运用于特色教学之中，在"产学研用"方面闯出一种属于自己的"李氏风格"，堪称已臻炉火纯青之境！

应李万才教授和王孟广老师所邀，为其所著《融媒体与电视频道节目运营》一书，写下自己一点感受，是为序。

陈祖继教授（四川传媒学院副校长、电影电视学院院长）

目 录

前 言

第一章 认识融媒体

第一节 融媒体的本质 3
　　一、融媒体是不同类型媒体之间的交叉融合 3
　　二、融媒体是受众群体的融合 8
　　三、融媒体是内容表达和内容创作方式的融合 13
　　四、融媒体是内容发布者与接收者之间的融合 14
　　五、融媒体是媒体与某些产业领域的融合 14

第二节 融媒体的视频内容的创作 20
　　一、融媒体视频内容的分类 20
　　二、融媒体视频内容创作的专业化 21

第三节 专业化融媒体视频内容的前期创作 24
　　一、融媒体内容如何契合受众获取信息的习惯 24
　　二、融媒体内容如何契合受众的生活习性 26
　　三、融媒体内容的交互方式 26
　　四、融媒体的内容创作如何契合受众需求心理 27

第四节 融媒体视频内容创作的拍摄和制作环节 28
　　一、融媒体视频内容创作拍摄和制作环节的体系 28
　　二、融媒体视频内容拍摄阶段的"跨屏"思维 32
　　三、融媒体视频内容制作的技术指标 34

第五节　融媒体内容创作的运营　36

　　一、融媒体内容的盈利变现渠道　36

　　二、融媒体广告运营的形态　36

　　三、融媒体广告的计价体系　38

　　四、融媒体的"产媒融合"变现方式　39

第六节　融媒体内容创作的管理　40

　　一、如何对媒体资源进行整合　41

　　二、如何对不同类别媒体人才资源进行整合　42

　　三、如何整合生产和经营两个部门　43

　　四、公有制背景的融媒体在机制和体制层面的创新　44

第七节　融媒体内容创作的推广　46

　　一、区域化融媒体如何进行自身推广　46

　　二、全网化融媒体如何进行自身推广　50

第二章　融媒体环境下电视频道内容的编辑与创作

第一节　电视台及电视频道的整体组织架构　57

　　一、电视台的组织架构及分工　57

　　二、电视台总编室在频道编辑工作中的核心作用　59

第二节　电视台总编室及下辖部门的结构和分工　60

　　一、频道总编的职责　60

　　二、总编室的业务板块分工　61

第三节　电视栏目的组织架构及分工　65

第三章　融媒体环境下专业化电视频道内容创作的定位

第一节　专业化电视频道选位的影响因素　71

　　一、外部因素及案例解析　71

　　二、内部因素及案例解析　74

　　三、本体因素及案例解析　78

第二节 专业化频道内容创作如何定位 82

一、频道内容创作定位的要点及案例解析 82

二、省级卫视特色化打造的定位思路及案例解析 85

第三节 专业化频道内容创作定位思路的实现 87

一、频道包装 87

二、节目设置 88

三、活动策划 89

四、频道定位的传播与推广 91

第四节 定位的评估、调适及优化 92

一、频道定位的动态调节 92

二、频道内容创作定位的及时评估和调整优化 93

三、专业化频道的价值竞争策略 95

第四章 电视台（频道）的节目编排

第一节 电视台节目编排如何契合受众收视行为和习惯 103

一、融媒体环境改变了受众收视行为 103

二、电视台要对目标观众进行分析 103

第二节 电视台节目编排的要素 104

一、编排周期 104

二、节目带 105

三、节目类型 105

四、竞争因素 105

五、资料链接 105

第三节 电视台节目编排模型具体运用策略 109

一、节目带间策略 109

二、节目带内策略 110

三、电视台节目特别时段编排 111

第四节 电视台如何编排栏目间的空当时段 114

一、将广告纳入编排，实现节目广告双赢　115

二、节目间空当时段内容编排　116

第五章　融媒体环境下电视台的节目交易

第一节　电视台节目交易的制度设计　127

一、节目采购和出售是电视台运营的重要组成部分　127

二、电视台节目采购的负责部门　127

三、电视台节目采购的制度设计原则　128

第二节　电视台节目采购的具体流程　129

一、节目采购人员需要具备的技能和素质　129

二、电视台节目采购的具体程序　130

第六章　融媒体环境下电视内容创作的运行质量考核指标

第一节　电视台运行的收视率体系　139

一、什么是收视率　139

二、收视率是怎么得到的　139

第二节　电视台收视率数据和网络大数据之间的关系　148

一、收视率和点击量的区别　148

二、电视收视率数据与网络点击率数据的共存　151

第三节　利用收视率和大数据为频道运营工作服务　152

一、收视率及网络大数据引领电视内容创作及管理　152

二、收视率相关数据报表的组成　152

第七章　融媒体环境下电视频道的品牌建设、维护和推广

第一节　品牌建设的概念　165

一、什么是CIS　165

二、什么是MI　165

三、什么是VI　166

四、什么是BI　166

第二节　"包装"的创作在电视频道品牌建设中的作用　167

　　一、屏幕视觉包装创作　167

　　二、听觉包装创作　170

　　三、"MI"（理念识别标识）的创作和运用　170

　　四、其他视觉元素的创作和运用　174

　　五、以整合化的节目内容包装进行品牌强化　175

　　六、通过节目收视宣传片创作强化品牌形象　176

　　七、通过整合台内资源深化品牌形象　177

　　八、通过跨媒体整合传播推广品牌形象　177

　　九、利用明星效应提升品牌形象　178

第三节　线下活动推广助力电视频道品牌建设　178

　　一、利用企业资源来强化自身品牌形象　180

　　二、释放媒体自身能量来强化品牌形象　180

　　三、将智力资源转化为传播渠道　181

第四节　将受众本身转化为电视频道形象的传播者　181

　　一、栏目内容创作的线下活动化　182

　　二、借力社会化媒体　182

　　三、借力事件营销　183

第五节　针对广告主的品牌推广　184

　　一、加强与广告主面对面的沟通　184

　　二、加强与广告公司的沟通　184

　　三、揣摩广告主的内在需求　185

第八章　融媒体环境下电视内容创作的新任务和新形态

第一节　电视内容创作必须成为融媒体的组成部分　189

　　一、兼顾网站和"两微一端"　189

　　二、满足融媒体平台的交互性要求　193

第二节　融媒体环境中总编室的新形态　195

一、总编室的频道编辑职能要融入融媒体体系　195

二、站在"融媒体"的高度重新定位受众　196

三、站在融媒体的角度对电视台运行数据进行分析　199

四、电视频道必须适应融媒体时代自身角色的改变　202

后记　205

参考文献　207

前　言

　　融媒体是当前媒体产业发展正在进行着的一场变革。融媒体由传统的各种媒体业态融合而来，并以全新的终端载体进行呈现。而传统电视这样一种业态，则是融媒体中最重要的组成部分。阅读、聆听、观看，是传统的三大媒体形态（纸媒、广播、电视）能够带给受众的三种感官体验，而融媒体则融合了这些传统媒体形态的三种感官体验特点，同时极大地地强化了媒体与受众之间的交互性，但不管融媒体与传统媒体在呈现方式上有多么大的不同，以满足受众"视听享受"的属性却是其根本诉求，或者说，融媒体在某种程度上更加强化了"视听"信息的表达功能，而这个功能，恰恰就是融媒体最主要的组成部分——电视——的基本功能，因此，电视这样一种业态，实际上是融媒体发展的主干、基石和内核。可以说，电视业态是融媒体"视听化"信息传播的根本之所在，本书的重点正是对当前融媒体最重要的组成部分——电视台的内容创作生产和运营体系——进行梳理和阐述，让大家能够站在融媒体的视角和高度，对电视内容生产创作运营的整个流程进行深度的认知。同时，反过来也从电视的角度，对融媒体的运行生态进行完整的掌握，可以说，本书将电视这样一种"传统业态"与融媒体这样一种"潮流业态"进行了高度的融合。

　　本书内容经作者长达六年的教学实践的积累，将电视产业的生产、运营、管理等层面的相关理论以及这些理论在电视产业层面的运用案例进行整合，同时结合电视行业在融媒体业态下的角色转变和发展，系统地梳理和归纳了电视行业内容创作、运营、管理等思维逻辑的传统形态和融媒体化进程，让大家对融媒体这样一种新兴的媒体形态（或者说综合性的媒体形态）以及电视台中各个岗位、各个生产环节有一个充分的了解，并能通过本书内容，结合相关的实操环节，掌握融媒体以及融媒体环境下电视业态的内容生产、行政管理、运营操作等实务。

在多年的仿真实践教学中，本书编著团队的教师们通过将所授班级模拟仿真打造为一个在融媒体生产环境之下的电视频道，或者模拟仿真为一个融媒体平台，将课堂设计为全仿真的融媒体产业环境。在课堂上，教师将所在班级全体同学按融媒体环境下电视频道或者融媒体中心的组织结构进行人员分工，所有岗位均按相应产业部门的人力资源分配原则进行规划，如将班级按照融媒体环境下电视频道的人员分工时，就将所有人员分为：总编、副总编、各栏目制片人（全班通常分为5个栏目组）、栏目责任编辑、编导等；按融媒体中心的方式组建团队时，则将全班同学分为：视频组总编及编导、平面组总编及采编人员、推广及营销组成员等。

本书紧扣当前融媒体产业发展现状和趋势，将融媒体以及融媒体环境下广电部门的生产、管理及营销三个层面的内容有机融合，力图为融媒体和融媒体环境下的广电产业全新的生态演进提供理论支撑和实战指南。

认识融媒体

公共媒体发展到今天，随着数字技术、互联网技术的进步，传统的纸质媒体、电子媒体以及其他类型或材质的媒体从互不交集、互不干涉，发展到如今的以数字媒体为主，其他各类媒体特性和内容形态交互融合，你中有我、我中有你的崭新态势。

融媒体可以从五个层面来认识：一是媒体形态的融合；二是受众群体的融合；三是内容表达、创作方式的融合；四是内容发布者与接收者之间的融合；五是媒体与某些产业领域的融合。

第一节 融媒体的本质

从表象上来看，融媒体就是电视、纸媒、广播、网络媒体（包括网络自媒体）等媒体形态形成的一个"矩阵"，即将同样的内容，以不同形式（如图文、声音、视频等）在一个品牌之下的诸多媒体上同时发布，让受众可以自由选择在哪一个媒体上接收信息，或者自由选择在什么时候接收信息。

但从本质上来看，融媒体并非诸多传统媒体以某种形式的纽带组合成的一个简单整体，而是以某种"拓扑结构"融合在一起的"拓扑图形"。也就是说，这不仅是一个复杂的结构，更是一个变化莫测的结构。

一、融媒体是不同类型媒体之间的交叉融合

从媒体的发展历史来看，印刷术发明后的纸质媒体是最初的具有实际广泛传播力的公共媒介形态，一直到无线电的发明和使用，广播这样一种传播形态逐渐体现出优于纸质媒体的便捷和直接，广播的时效性是纸质媒体无法比拟的；随后，电视媒体的出现，又弥补了广播媒介缺乏视觉载体的缺陷，纸质的可视性和广播的直观性结合在了一起。但是，纸质媒体、广播媒体、电视媒体三者是发展的关系，并不存在交互融合，并且它们各具优劣：

（一）对于受众来说，纸质媒体更适合精读

读者能对其所承载的信息进行细致的、反复的推敲和接收；其次，纸媒可以提供给受众有限的自主选择权——也就是说，受众可以自主选择优先阅读哪一部分信息，

或者忽略哪一部分信息，重点的、反复地关注哪一部分信息；或者按什么样的顺序去关注信息。纸媒对于受众来说，是"受众自主性"最大的传统媒体，同时，纸质媒体对信息的保存是最简单也是成本最小的一种方式，这样的方式对于受众来说是比较方便追溯和查阅的。而这样的一些特性，是广播与电视无法企及的一个优势。

（二）广播的优势在于其便捷性，时效性

通过无线电传播的广播，可以实时地传送信息，受众与新闻信息的发生现场之间没有时间上的壁垒，这又是需要排版、印刷、运输、分发销售等烦琐程序的纸质媒体不可能办得到的。

（三）电视媒体同样具备直播的时效性，而其最大的优势则是"可视性"

对于受众来说，能够从听觉、视觉甚至是触觉、嗅觉等全方位接受信息，从这些感官形态来满足自身的信息需求，那是最完美的。电视媒体就能同时以视觉和听觉满足受众的感官需求。因此，在很长一段时间内，电视媒体一直都处于媒体形态金字塔的顶端。毕竟，它是唯一能够兼顾受众不同感官需求的媒体。

但因为这三种媒体形态各自的优势之间几乎没有交集，更没有互补和兼容，因此，这三种媒体形态长期处于三足鼎立互不交叉的状态。这样相安无事的状态维持到了20世纪末。

互联网技术的兴起和成熟，使得基于PC和移动端屏幕载体的视听内容逐渐将电视、广播、纸媒的信息发布方式和特性嵌合了起来，21世纪初，随着各种交互性极强的媒介平台（如各大搜索引擎、各种APP、社交软件等）在电脑屏幕和移动端屏幕上的出现和爆发式增长，人们业已形成的信息获取习惯也逐渐发生了变化，PC和移动端的内容既可听，也可看，亦可读，更重要的是，受众在数字化的、互联网化的新媒体上，获得了更大限度的信息选择自主权（可以依据自身的爱好、时间、地点等条件选择获得哪些信息，或者自主决定获取这些信息的顺序）……电视、纸媒、广播的信息传送形态一站式集合在了PC和移动端屏幕之上，不仅如此，这些融合了电视、纸媒、广播的新兴媒体，还附加了社交功能，人与人之间的交流在这个虚拟的网络空间得到了巨大的扩展！

（四）融媒体在形态上融合的范例

媒体形态的融合，并非一种物理意义上的生硬拼接，而是一种类似化学反应般的质变！从某种程度上来说，互联网和数字技术、大数据技术，或者将来的人工智能科技创生出的媒体形态，实际上是一种全新的产物，其融合电视、广播和纸媒之后的媒体形态，只是这样一种新兴事物中的一部分而已。

如人民日报社融媒体矩阵布局，就是一个融合了纸媒、电视、广播等媒体形态和特性的融媒体平台，甚至运用了当前最先进的视觉科技，将受众的体验感提升到了前所未有的高度。以其针对2018年3月全国两会的报道为例，人民日报社推出名为《我来北京看两会》的小程序，通过这个小程序，受众可以选择从自己的家乡出发，聆听习近平总书记的原声讲话。"到达"北京后（虚拟的到达），可以选择以天安门、人民大会堂、两会现场为背景合影留念，受众的体验感、参与感、现场感以及娱乐性极强。

图1-1 人民日报社手机客户端小程序《我来北京看两会》界面

同时，人民日报社还推出了视频直播、视频录播报道以及微信公众号推文的放送、人民网网站内容的实时跟进等内容，更重要的是，他们运用了VR技术，为受众"身临其境"的诉求提供了最大限度的满足。整体上来看，人民日报社此次对两会的报道,在报道技术布局和内容形态布局上来说,已经形成了涵盖传统媒体形态与最新型媒体形态的全媒体生产线,更将这些媒体形态进行了完美的融合,形成了在报道层级上的融媒体矩阵。

图1-2 人民日报社融媒体直播现场,融合了视频采集的手段

(图片来源:人民网河南频道)

图1-3 人民日报社的报道内容,也融合了视频访谈的模式

(图片来源:人民网)

图1-4 人民日报社的融媒体终端直播画面

（图片来源：人民网）

从人民日报社手机客户端的日常内容构成来看，其常规内容就是主打视频信息，其内容板块设计更像是电视媒体的逻辑。

以人民日报社的案例可见，纸媒已完全朝着可读文字、可听声音、可看视频、更可社交的融媒体的方向发展并逐步成型，受众接收《人民日报》内容信息的方式及体验已摆脱传统纸媒的束缚。

图1-5 人民日报社手机客户端的视频访谈栏目界面

(图片来源：人民网)

二、融媒体是受众群体的融合

受众群体的融合，指的是传统纸媒、广播、电视等媒介受众在信息接收理念和方式上的融合——时隔不多年前还经常看到的一些场景，比如年岁较长的人们还习惯铺开报纸细细研读纸面上有限的信息，或者一些时尚青年还会手捧新潮的期刊研读最新的流行风向……而这些场景，现在已经基本消失，取而代之的则是不管什么年龄的人，都捧着手机听、读、玩……受众群体在获取信息的方式上已经没有了任何差别。

受众群体类型间的界限也越来越模糊，不同内容爱好取向的受众，也会在互联网海量的信息面前，主动或被动地接收一些其原本不太感兴趣的内容，比如年龄较长的受众一般对当前的潮流信息不一定感兴趣，但在互联网上，这样的受众或许在某一个机缘巧合之下，突然看到了一条原本是年轻人感兴趣的信息，但这条信息却有着某种与这位年长者兴趣恰好契合的点，如此一来，这位年长受众便完成了一次与年轻受众的融合。

（一）受众群体融合的本质

融媒体在受众群体层面的融合，更本质的体现在于受众意识和观念上的融合：其一是不管是什么样层次、什么样年龄或是什么样社会定位的受众，已经完全达成了一个共识——互联网数字媒体是当前唯一能够融合化提供全面丰富资讯的媒体形态！其二则是互联网数字媒体形态是不受年龄及人群类型隔阂的！其三则是传统媒体形态中的任何一种已经无法再独立满足受众对资讯获取的需求了。

（二）融媒体在受众层面融合的范例

广播，是以无线电收音机为接收终端，以声音为唯一内容载体的媒体形态。自从无线电广播诞生之时至21世纪初叶，广播电台的存在方式几乎没有任何变化，但随着媒体融合的逐渐深入，广播的生存状态也发生了本质的变化。

以中央人民广播电台（现已并入为中央广播电视总台）为例，受众接收其内容信息，除了传统的无线电收音机（绝大多数为车载收音机）以外，还有央广网、公众号、微博等形式，尤其是央广网，融合了图文信息、广播信息、视频信息、互动平台等元素，成为一个在内容载体上无所不包的媒体平台。如央广网，除了与广播本身同步进行传统的声音传播，还有海量的、精美的图片新闻，更有大量的与央视（CCTV）制作水准无异的视频节目内容，当然，大量文字新闻、文字深度报道、评论文章等也是这个网站的重要组成部分。

图1-6 央广网首页

当然,央广网作为以声音传播为主体的融媒体平台,虽然融合了大量的声音以外的内容传播方式,但其主干依然是声音。同时,这也使其在众多同质化的融媒体平台当中具备了不可替代的地位和特色。受众完全可以在浏览大量图文、视频信息的同时,以听广播的方式,接收各类信息。可以说,央广网对传统媒体的线上融合是多维、全面的。

第一章　认识融媒体

图1-7　央广网的视频内容专区
（图片来源：央广网）

图1-8　央广网的图片内容专区
（图片来源：央广网）

而受众则可以在央广网之上自由地切换自身的受众角色定位——"广播听众""电视观众""报纸读者""网民"——多元化的受众类型在央广网的平台上得到了完美融合。

另一个以视频图像为传播主体的媒体——中央广播电视总台，同样也将图文、视频、声音等传统媒体元素进行了化学反应般的融合，以其名为央视新闻的公众号为例，在这个公众号中，不仅仅为受众提供了该媒体在传统电视上所有的视频栏目供受众在手机端观看，同时也提供大量的图文信息供受众阅读。在这个平台上，还有单独的以声音传播为主体的板块——《夜读》，在这个板块中，各类经典传世的文学作品不仅仅能以图文的形式供受众阅读，还能由央视的著名播音员以有声语言艺术的方式进行表达，受众通过手机终端这个载体，可以在精细阅读的层面去了解一个文学作品，更能通过播音员的诵读，去感受这个文学作品更为深邃的美学层面的价值，有声语言艺术爱好者、文学爱好者，在这样一个平台上合二为一。

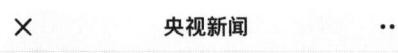

图1-9 《央视新闻》公众号的《夜读》板块的图文
及音频广播内容界面

（图片来源：央视新闻公众号）

三、融媒体是内容表达和内容创作方式的融合

（一）融媒体的内容创作者的"去专业化"趋势

所谓内容表达、创作方式的融合，指的是在内容创作生产供给侧的方式改变：电视、纸媒和广播时代，其传播内容的获取、整理、表达及传送过程都是由专业人员完成的，非专业人员基本无法介入这个过程中去，专业与非专业人员之间的壁垒非常明显，隔阂非常之大。但在融媒体时代，媒介内容的获取、整理、表达和传送，却在非常大的程度上转交给了一般的民众，微信公众号、微博、视频网站（如优酷、爱奇艺、腾讯、youtube等）或各种视频或直播APP（如抖音、快手、花椒直播等）以及各种音频APP（如喜马拉雅等）都为普罗大众参与图片的、文字的、声音的、视频的内容获取、整理制作及传送等提供了技术上的平台。从此之后，"媒体从业者"不再是一个单纯专业化的称谓，"媒体人"的定义也更加宽泛和去专业化。人人都是媒体人，人人都可以是媒介内容制造者，媒体的内容表达和生产方式，首先在其操盘人这个角度，产生了"原子"层面（也就是从业的人这样一个层面）的融合！

（二）融媒体内容创作方式的"简化"趋势

融媒体还是媒体内容创作生产线的融合：传统的媒体，其内容的发布必须经过"报批、筹备、获取、整理、审查、发布"这几个阶段，这也是传统媒体生产线的基本组成部分，缺一不可。但在融媒体的"全民媒体人"时代，"报批"这个程序已经失去了其存在的必然价值；"筹备"这个阶段，对于当前诸多的随机捕捉的各种视频或是声音内容来说，也没有了其原始的价值；"整理"，对于诸多内容信息获取者来说，如果没有时间、精力或是强烈的爱好，其实也可以忽略，而"审查"，对于融媒体平台来说，除了比较敏感的信息之外，对技术层面的审查已经越来越模糊化；对于大多数融媒体平台而言，"发布"已经是一项不具技术含量的工作，不像传统媒体中的纸媒，还要经过"印刷和运输分发"，广播还要通过专业的电台及差转台以及通过专业播音员的念读，电视更要通过更加复杂的程序才能完成——融媒体的内容信息发布只需要发布者在自有的屏幕上点击完成即可！

由此可见，如今的融媒体，其内容的生产线环节得到了大幅度的简化和融合，其生产者也由专业和非专业人士完成了高度的融合。

四、融媒体是内容发布者与接收者之间的融合

在传统媒体时代，受众与内容生产发布者之间基本无法完成实时的互动，或者无法完成大规模的、全民化的实时互动。比如纸媒，完全无法进行实时互动，纸媒与受众之间最大限度的互动就是通过"读者来信"以及"编者答疑"之类的方式进行非实时的双向交流；广播则可以在节目直播当中进行范围非常有限的、交互数量非常小的、通过听众拨打电话的方式与播音员实时互动；而电视的互动性反而还比广播更弱。

总体上来看，传统媒体与受众之间基本没有实时互动的空间，即便有，范围也非常的小。媒体从业者无法实时获取受众反馈，受众也无法以有效渠道和方式对媒体提供相应的信息。

而融媒体时代的媒介，基于数字化的技术和互联网的物理平台，则在媒体与受众两者之间打开了一个畅通的交互通道！双方的信息可以实时的、等量的、大规模的交换（如微信公号、微博、新闻信息网站等的评论区，即可进行大规模的信息发布方与受众之间的实时信息交互，以及各种视频内容的弹幕功能，也能让海量的受众信息与发布者之间进行交互……），同时，融媒体平台上的大部分信息，现在也越来越多的来自于传统媒体时代的内容接受者，比如"抖音"等平台，几乎所有的内容都是来自于受众，而受众又通过这个平台来接收来自自己圈层的信息。信息制造和发布者，与受众之间从此没有了信息交流上的障碍，自此完成了双方的无缝融合。

五、融媒体是媒体与某些产业领域的融合

融媒体的出现，使得媒体产业外延至其他相关产业或不相关的产业和行业成为可能。这是跳脱了媒体本身这个概念的范畴，其实，媒体从本质上也是为其他诸多产业发展服务的一个工具（媒体的本质是宣传，而如何为相关产业的发展提供舆论上的支持与配合，其实也是媒体本身发展的一个传统命题），融媒体时代，媒体与各

种产业之间的交叉和融合,在技术上比传统媒体时代的可行性和实现度要强得多,媒体介入到其他行业的发展,或者其他行业介入到媒体的运营,如今已成为一个非常普遍的现象,同时,产业与媒体的融合(产媒融合),也能促成媒体内容形态的创新。

（一）融媒体在产业交叉融合领域的范例

《区块牛人》是一档在表现形态上比较传统的访谈栏目（由四川传媒学院电影电视学院毕业生牛圆创办），但其生存的空间却是产媒融合的典型——该栏目与网络金融产业，尤其是与由区块链技术驱动的新兴金融产业融为一体，以栏目普及推介区块链技术和基于区块链技术的金融业务，发挥媒体本身的影响力优势，促进区块链金融业务的扩张；同时，金融业务也发挥其本身的资金优势，助力栏目的发展和完善！

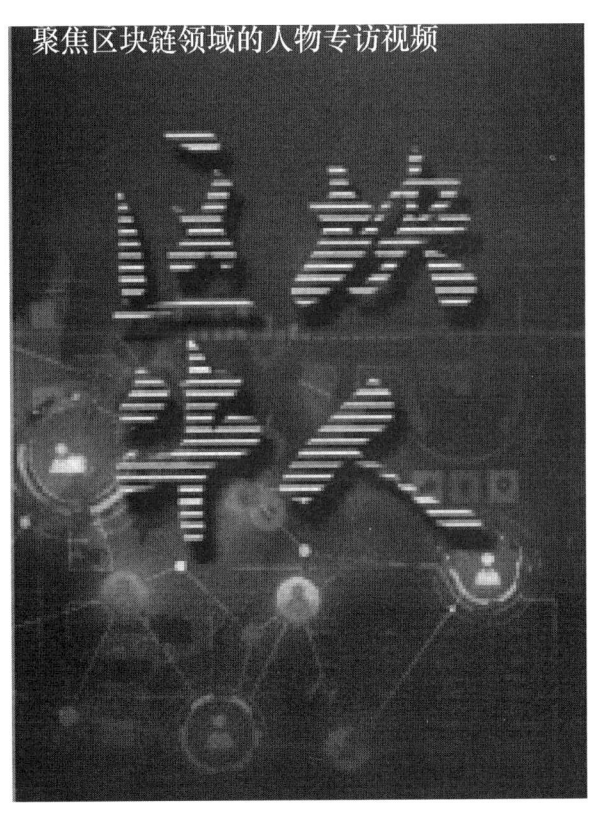

图1-10　在爱奇艺上播出的《区块牛人》栏目

（图片来源：区块牛人）

再比如微信公众号《一条》，这是一个以每天推送一条三到五分钟左右精美短视频及若干篇精美图文信息为特色的公众号，这个公众号的创始人徐沪生曾经是上海定位于中产小资受众的纸质杂志负责人，因此，徐沪生创办《一条》这个以移动数字终端为载体的数字融媒体内容时，就将纸质杂志的一些内容特色移植了过来：比如极其精美的画面质量、专栏化的内容设置、小资的文笔风格等。

图1-11 公众号《一条》的短视频界面

（图片来源：《一条》公众号）

图1-12 公众号《一条》的图文界面

(图片来源:《一条》公众号)

但《一条》真正能体现媒体跨产业交叉融合的特色却是——它其实是一个电商平台,而与其他电商平台不同的则是,这个平台上对每一个售卖商品,都有一个相对应的精美的杂志化、故事化的描述(而非硬性的广告),而其每天推送的一条精美视频,则是向其受众和潜在消费者传递一种小资的生活情调、理念和方式,交流一种在美学层面上比较高端的生活态度。也就是说,《一条》以每天一条精美的视频来吸引受众的注意,以此带动巨大的流量,这样的流量以及其所普及的生活态度和精神,成为其电商平台(一条生活馆)的商品销售变现的强大动力。反之,商品销售的巨大流量又可以反过来促进其视频及图文内容的更高级进化。

不用动刀，这个黑科技让你年轻好几岁！

夏萌人 一条 昨天

现在人的都市生活节奏快，
熬夜加班、饮食不均，
加上阳光、气候、雾霾等雪上加霜，
我们现代人的皮肤早就不如妈妈
那一辈来的弹润紧致，
黑、过敏、表情纹……
各种肌肤问题接踵而至！

黑可以靠防晒+美白来改善，

图1-13 公众号《一条》的广告软文界面
（图片来源：《一条》公众号）

一条

法令纹竟然真的被淡化了。
不仅仅是法令纹有一定淡化，
感觉整个肌肤都更加紧致了。

这套神奇的产品就是
**KORRES极地黑松3D塑颜紧致精华液
和3D塑颜紧致晚安面膜霜**。

图1-14 公众号《一条》的硬广告界面
（图片来源：《一条》公众号）

杂志化自媒体《一条》与电商的这样一种融合，还将触角伸到了线下商品销售的领域，线上营销推广、线下同步销售——《一条》公众号旗下板块"一条生活馆"的注册用户已经超过百万人，囊括上千个品牌，上万件商品，覆盖家居、美食、电子、服饰、美妆、图书、厨卫等20多个领域，这里的商品不仅能通过网络进行交易，同时，《一条》还经营了若干个商品线下销售门店，为其用户提供形式上虽然传统但体验感更强的购物体验。

从整体上来看，《一条》对"融媒体"的定义，涵盖了杂志化的内容、电视化的表现形态、数字媒体的互动性……更重要的是，它涵盖了跨产业（广告、流量、零售）交叉融合的运营变现方式，而非单一的依靠广告和媒体流量进行变现的模式！

思考及练习题

1. 你平时关注的媒体，哪一些还有着显著融媒体特性？请举例说明。

2. 请将你家乡所在地的融媒体平台做一个系统分析，它是以哪一种传统媒体内容为主导的？或者它具有哪一些独特的优点？它又具有哪一些明显的短板？请一一加以总结。

3. 请关注"网易严选"这个网络平台，并分析其属于哪一种媒体融合的性质。

4. 如果让你所在的班级集体运营一个自媒体平台，你认为在这个平台上可以融合哪些媒体形式进去？试着将你的想法和计划进行书面表述。

5. 请将你所在班级模拟组建为一个融媒体中心，按视频部门、平面部门、技术部门、营销和推广部门的方式进行分工。

6. 请将视频部门按照总编——副主编——栏目制片人的层级进行人员配置，整个部门分为五个栏目，每一个栏目推选一个制片人。

7. 请扫描人民网微信公众号二维码及央视网微信公众号二维码，从"内容版块组成""功能设置"等角度概括这两个公众号的特性。

第二节　融媒体的视频内容的创作

融媒体集合了纸媒、广播、电视的所有特性：一是图文及音视频信息的海量容纳空间；二是受众具有高度的信息选择自主权；三是信息发布者和受众之间的大规模实时交互；四是信息的可追溯性极强；五是媒体从业者与受众之间的专业化壁垒消失，两者之间的界限越来越模糊。

以单纯的或传统的电视节目制作思维来策划、编导、制作或发布视频内容，显然是不符合融媒体语境之下的媒体发展趋势的。

一、融媒体视频内容的分类

融媒体时代，在各种媒体平台上得以呈现的视频内容大致可分为以下几类：

一是与传统电视时代呈现的视频内容基本一致的"栏目化""专业化"的视频内容，如各大视频网站投资制作的各类网络综艺栏目、网络大电影、网络连续剧等，也有各大传统电视媒体制作的同步在电视台和网络空间投放的传统电视节目，还有各种社会力量运营的自媒体所制作的专业化视频内容等。腾讯、爱奇艺、优酷等大型数字化媒体，以及中央广播电视总台、湖南卫视、浙江卫视等传统媒体各自或是联合出品的大制作栏目就属于这一类。比如《中国有嘻哈》(《中国新说唱》)、《创造101》等栏目就属于大型视频网站自制栏目。《我是歌手》《中国好声音》等栏目就属于以传统电视台为依托，跨越电视屏幕，在电视、PC、手机等各种终端上都可以观看的融合性栏目。

二是来自半专业化人员制作的相对专业化的较为零散的视频内容，如一些从原有专业化制作机构退出的人员继续从事相关行业所制作的内容，或是视频制作爱好者、发烧友制作的一些内容等，这些内容专业化程度、技术含量、艺术水准均颇高。如前文提到的《一条》《二更》这样的媒体平台上发布的视频内容以及在一些大型视频网站上上传的较为专业化的零散的视频内容，比如爱奇艺、腾讯、优酷等网站上的一些微电影等作品。

三是来自业余人群的偶然获取或是纯"玩票"性质的短视频内容，这也是当前视频内容平台的一个非常重要的组成部分，甚至是某些视频内容平台的主营业务。同时，这也是视频内容在融媒体时代在"融"这个概念上最为突出的特征。如诸多的视频网站或者其他并非以视频为主导的平台上，由民众自行上传的，未经过专业制作的短视频。抖音、快手之类APP上视频内容就属于这一类型。

二、融媒体视频内容创作的专业化

对于专业视频内容创作者而言，继续在"技术含量""艺术水准""投入标准""投放平台"上与非专业力量保持距离，无疑是防止其生存空间被挤压的唯一出路，在融媒体时代，专业化与非专业化视频内容生产之间的技术壁垒逐渐地缩小，如当前的视频内容量产在分辨率上的最高标准就是4K，但一些相对大众一些的摄影器材，也能以4K标准进行拍摄，甚至一些手机的摄像头都能以"准4K"的标准进行拍摄。而此类专业与非专业的技术壁垒还在持续的缩小，直至将来有一天消失殆尽。

相对于专业化的视频内容，业余的或是半专业化的视频内容还有着其独特的竞争优势：

一是娱乐性极强。

二是不受主流的、成熟老旧的审美观束缚，创新空间极大（虽然极有可能是具有负面效应的"创新"，如一些格调低下的"创新"方式和内容）。

三是普通人的参与感能得到最大的满足（制作方式的最大限度简化，让普通人能够全程参与到制作和演出中）。

非专业化视频内容的这些特点，在很大程度上是专业化视频内容做不到或者不容易做到的，这恰恰填补了受众需求的一个巨大空白，同时也在蚕食着专业视频内容的生存空间。

因此，在融媒体时代，专业视频内容生产者必须在以下几个层面突出自身相对于准专业或非专业视频内容生产者而言的竞争优势：

（一）专业化融媒体视频内容的技术含量

虽然专业与非专业视频内容生产的技术鸿沟在逐渐缩小，但就当前而言，专业化的视频制作依然在技术层面占据先发优势，视频制作从拍摄、灯光、录音、后期剪辑和特效、包装等技术，依然还有广播级、专业级和普通民用级之分。专业级以上的制作设备不管从技术指标或是操作程序、难度等方面来看，都还存在不低的门槛。因此，在这个门槛缩小的过程中，专业化的视频制作依然还有一定的生存空间，这也是其先天的优势，因此，专业化制作团队，必须在其视频内容制作的技术含量上保持与非专业领域的距离。

以我国中央广播电视总台为例，2018年10月1日，中央广播电视总台正式开通4K超高清试验频道（并于2019年正式开播），4K视频的大规模商用时代正式开启，4K高清视频规模化制作及播出技术体系也逐步成熟了起来，凭借4K内容的大规模生产和发送，传统电视将会争取到新的生存空间和时间（但在这之前，4K电视机在2013年已经形成了一个成熟的市场，而最早布局4K内容放送的，却是移动、联通、电信三大运营商，这就意味着，4K的视频内容其实在融媒体层面早有布局。2019年，广电与"三大"运营商均获得了工信部颁发的5G运营牌照，从长远来看，在5G技术成熟以后，将来的网络空间，将会是4K视频内容的世界）——因此，现有的专业视频生产团队，把握住"像素"递增的技术发展趋势，不断适应新的视频"像素"要求的制作标准，不断适应层出不穷的专业化摄影设备、剪辑设备、特效软件等工具，应该是其保持视频产品技术含量优势的必由之路，这也是专业与非专业之间的最基本区别。

（二）专业化融媒体视频内容的艺术水准

这可能是专业化视频制作最根本的生存要素，从规模化、专业化的视频生产角度来说，其艺术水准应该体现在以下几个层面：

首先是视频内容的表现形态是否有创意。

其次是视频内容具有什么样的现实意义或是内涵。

再次是视频内容的画面、声音及其他的表现元素在美学意义上的水准。

以粉丝量巨大的公众号"一条"为例，其每天推送的视频内容，最大的特征就是拍摄画面清新，剪辑节奏柔和，选题文艺浪漫。这是大部分业余视频制作能力暂时达不到的一个艺术水准。

（三）专业化融媒体视频内容的投入标准

专业化的视频内容生产最明显的一个特征就是在资金上的较大规模投入，不管是网络综艺、网络电影还是网络连续剧，投入都是非常大的，这些视频内容的制作成本主要由设备投入、技术人员劳务、演职人员劳务、制作环境打造、宣发（宣传推广及发布）成本等组成，而这些成本构成都是非专业视频内容制作不需要考虑的。

以网红综艺《中国有嘻哈》(《中国新说唱》)、《创造101》等栏目为例，事实上，这些主要在网络终端上推送的视频栏目，其制作标准都是广播级的，其制作团队十分庞大，十分专业，分工也十分的明确，而他们制作投入的资金，也是以"亿"为单位的。

（四）专业化融媒体视频内容的投放平台

网络空间中有着各种各样的视频放送平台，各有各的定位，当前国内比较主流的视频平台可以大致划分为几个阵营：

第一阵营主要有优酷、爱奇艺、百度等（UGC、即用户创造内容视频平台），这些平台属于综合型视频分享平台，其功能包括视频分享、上传、评价等。

在这个平台上，囊括了专业性极强的影视剧、综艺栏目、纪录片、动画片等视频内容产品，同时也涵盖了各类来自民间的视频内容，这样的平台拥有非常强大的视频内容生产研发和生产能力与视频内容的整合运营能力，如爱奇艺，其自制的《中国新说唱》《晓说》《大学生来了》等大IP，在市场上都是非常受欢迎非常有影响力的产品，同时，这些平台亦与第三方合作推出或购买第三方生产的视频内容，它们对视频内容的品质控制能力非常强，要求也非常高。这一类平台兼顾了专业性和普及性，在市场定位上是属于主流行列。

近年来，移动端UGC发展迅猛，诸如抖音等APP异军突起，这使得UGC生态圈发生了一些较大的变化：那就是UGC离普通民众的距离进一步地缩小至极限，视频内容的专业化受到了进一步挑战。

第二阵营是基于P2P（Peer to Peer，即端对端技术）的视频观看或下载网站，比如PPLIVE、风行、迅雷看看等；这样一类平台是将专业化的视频内容"寄存"在服务器，由受众点播。

第三阵营主要是各类传统视频媒体的网络平台，比如央视网站、凤凰卫视网站、芒果TV……这些平台都是其相对应的视频媒体（电视台）所制作的内容在网络空间的分发平台，这些平台基本是不向第三方开放的，因此，这里面的内容都是和平台相对应的电视媒体生产的内容一致的。

思考及练习题

1. 你平时喜欢关注哪一些带有视频内容推送的网络平台？它们都有什么样的特色，又属于哪一种类型？请举例说明。

2. 如果你想运营一个附带有视频内容推送的自媒体平台，你想如何定位它？请以书面表述的形式进行阐述。

3. 如果一个微信公众号附带有视频内容，且此视频内容与其文字内容有一定的重合，那么你将更关注其视频内容还是文字内容呢？请阐明你的观点。

4. 请扫描《二更》视频平台二维码，请结合本章内容阐述一下这个平台的基本定位和视频风格基调。

第三节　专业化融媒体视频内容的前期创作

要在融媒体平台上投入一档产业化、长期化、专业化的视频栏目，在前期酝酿和策划阶段，其思考方向和传统的电视栏目策划有着诸多的相似之处，比如要全盘考量其潜在的受众对象类型，有针对性的划定这个栏目的市场定位；要全盘考虑栏目的盈利变现模式；要从长远考虑栏目内容取材、表现形态的持续性……但以融媒体角度策划视频栏目的创作和生产，还有一个非常重要的角度需要去思考，那就是交互方式！

所谓交互方式，是指这个视频栏目该以什么样的方式融入"融媒体"这样一个系统当中，按照"融媒体"的概念，专业化融媒体视频栏目必须从以下层面去考虑：

一、融媒体内容如何契合受众获取信息的习惯

当前的受众，获取信息资讯的要求很高很全面，他们希望摆在面前的内容是全维度、全方位和全"景别"的。也就是说，这些内容信息要以"音视频""图文""互动平台"等形态来展示。再以公众号《一条》为例，其每天推送的内容以一段三到五分

钟精美的、关乎各种先锋的、时尚的、小众或小资的人物故事为先导，受众首先会被这样一个类似于精美的杂志封面一般的包装所吸引，在五分钟以内的时间里欣赏完视频后，如果感到意犹未尽，还可以详细阅读有关这段视频的图文解读；如果还是意犹未尽，受众还可以在视频和图文区下方的留言区进行留言——在一个手机屏幕上，受众可以充分地以"杂志""画报""报纸""电视""微博""微信"……交织融合的方式来接受并反馈各种信息。

当前各类受众从获取信息内容的方式上都有一个比较统一的特点：喜欢使用手机这个终端设备——手机的便捷性使其成为融媒体系统发展的一个必然选择，毕竟融媒体的发展趋势就是以"携带便捷""信息丰富"为诉求的。

因此，融媒体视频信息内容的专业化生产策划就必须考虑当前受众们接受信息的行为习惯，比如人们都比较习惯竖向的观看手机上的内容——《和陌生人说话》，这是一档访谈栏目，说起访谈栏目，似乎这是一种非常传统的"电视"时代的产物，没什么特别之处，但是，这却是一档专门为手机终端用户打造的访谈节目，因为它从两个方面照顾了以手机为观看工具的观众诉求，一是这个栏目拍摄的所有画面都是和手机屏幕高宽比相符的竖向画面；二是这个栏目的总体时长只有十来分钟，这就很符合手机用户喜欢碎片化分割自己业余时间的习惯。

图1-15 《和陌生人说话》栏目，其画幅为手机的屏幕高宽比

（图片来源：腾讯视频）

二、融媒体内容如何契合受众的生活习性

融媒体时代的人们，其生活方式与传统媒体盛行的时代已大相径庭——生活时间"碎片化"、生活空间"多维化"，生活理念"潮流化"。

也就是说，现代人每天对生活时间的分配非常零碎，他们有大量、重要但琐碎的事情和信息需要接收和处理，他们必须利用所有可能的碎片化的休闲时间来接收公共或娱乐性的信息。因此，这些内容信息的制造、整理和发布者，就必须将信息尽力缩短、将其精准化。

同时，现代人生活空间"多维化"，也就是说，现代人不仅仅生活在现实的物理空间里，也生活在虚拟的网络空间中，从时间分配上来说，当代人将大部分时间分配给了网络空间。人们在网络空间中主要完成两件事：一是在海量的内容信息里面挑选自己喜欢的去精细抓取；二是在网络空间里完成不受空间距离制约的社交活动。因此，融媒体内容制造发布者就必须赋予其内容足够"稀缺性""可关注度"以及"社交空间"（所谓社交空间，就是让受众可以利用这些信息与自己的网络友人进行交流和互动）。以当前最受关注的UGC（用户提供内容）APP"抖音"为例，在这个平台上的视频绝大多数都在15秒左右，时间很短，内容很紧凑。人们完全可以利用所有的碎片化时间，比如地铁上、排队时、用餐时……接收不同数量的内容信息。同时，人们也会将这些自己认为非常有意思的视频转发给自己的朋友们。

人们生活理念的"潮流化"，意味着大家对视频内容信息接收的口味和兴趣点会不停地发生改变，融媒体的内容将不再像传统媒体时代那样在形态和表现方式上具有较强的持续性。因此，融媒体内容需要不断地变换自身的某些定位、表现方式以及手法。

三、融媒体内容的交互方式

交互的目的是让受众有参与感和融入感。融媒体与受众之间的互动，通常有三种形式：一是向受众开放评论（比如评论区的畅所欲言、弹幕上的各抒己见），同时，运营者还可以在评论区与受众进行文字性的互动；二是接受受众向平台上传内容；三是允许受众下载平台内容。

"交互性"是融媒体内容策划的前提，在满足这个前提基础之上，再以惯有的传统

媒体内容策划思维将其完善，一条相对完整的融媒体视频内容传播链就能基本形成。

四、融媒体的内容创作如何契合受众需求心理

从大多数融媒体内容的表现风格，诸如其文风、节奏等来看，融媒体内容创作者不断地在和受众的兴趣、爱好以及当下的潮流接轨。同时，融媒体内容创作者们还需要精准把握自己所创内容目标受众的普遍心理状态。

不管媒体形态如何进步发展和演变，受众对媒体内容信息的需求不外乎"猎奇""求知""解惑"等心理状态。"好奇"，是人类共有的一种特征。猎奇，就是对新奇事物或小概率事件给予足够的、自觉的关注，是受众需求心理最突出的一种表现，从现有的媒体内容来看，满足受众"猎奇"心理的内容是占比最多的。

如果说猎奇是受众们对相关媒体内容浅表性的关注，那么，"求知""解惑"，就是受众们对媒体内容深入本质的探究，因此，媒体内容提供者应该对相应内容进行刨根问底般的挖掘。这其实是媒体自诞生以来一直拥有的功能。如果说这个功能在融媒体时代有什么样的进化，那就是融媒体的内容在广度上有了拓展——也就是说，融媒体内容传播在事件或事物的深度挖掘这个角度继续着传统媒体的功能以外，其受众的参与程度相较于传统媒体就更广泛了。

在契合受众心理这个问题上，传统媒体和融媒体的内容策划思路都是一致的。

思考及练习题

1. 请分析一下抖音、快手、腾讯短视频等短视频平台上的内容为什么会如此受关注？它们分别都有着什么样的特点？

2. 请分析《和陌生人说话》这一档栏目，总结其优势和劣势。

3. 如果要拍摄一段短视频，你会选择哪一种风格和类型？你将会采取什么样的创意？你认为这样的创意适合投放在什么样平台？

4. 如果要求你设计一个60岁以上老年人喜欢观看的视频，你将会做什么样的内容？采用什么样的风格？以什么样的方式传播？

5. 如果要求你设计一个中年女性喜欢看的视频，你会选择满足这一类人群的哪一种心理需求？为什么？

第四节 融媒体视频内容创作的拍摄和制作环节

一、融媒体视频内容创作拍摄和制作环节的体系

融媒体的"融",还体现在其内容生产(拍摄和制作)体系的复杂性上,因为融媒体是融合了传统的电视、广播、报纸、杂志等内容表现特性以及内容介质性质的综合型媒体形态,因此,其内容生产工序以及要求同样也就交织了不同媒体形态的特点。再以公众号《一条》为例,在这个公众号中,囊括了不同的内容板块,其中之一就是每天要向粉丝们推送一条五分钟左右的精美短视频,那么,生产这样一条短视频就必然牵涉短视频的前期选题、导演策划、现场拍摄、后期制作等工序,而这些工序中的摄影、文案、灯光、录音、剪辑、特效、调色等具体环节,也和传统电视节目生产别无二致。

同时,《一条》还拥有众多其他的内容栏目,比如一些商品的推文、一些生活理念和方式的推文等,这些内容,又和传统的报纸或者杂志的内容生产程序一致:文章写作、图片拍摄和处理、审稿、改稿、排版……一个也不能少。

既然是数字媒体,就必然牵涉数字媒体技术的运用和维护,《一条》的团队中,就必须涵盖IT方面的技术人员,《一条》的实质是一个电商平台,也就是说,经营和客服人员也是其平台运营主体。如此一来,《一条》的内容创作生产和运营才能够成为一条完整自洽的链条。

融媒体的内容生产是集音视频采集生产、图文创作、互动平台运营于一体的综合生产线。而融媒体内容生产还有一个显著的特点就是:从业者的岗位分工不再像传统媒体那样细致,"一专多能"是一个基本特色。融媒体内容生产者即是内容创意和创作者,也可能是一个精于IT技术运用的工程师。

(一)生产工具的简化为融媒体内容的集约化大规模生产提供了保障

融媒体内容的生产融合了声音、视频、图片、文字等的采集和处理,同时又涉及IT技术的应用甚至研发。

从技术层面说,融媒体内容的生产比传统的电视、广播、纸媒等都要复杂,因为

它融合了这些媒体的所有生产特性，尤其是传统的电视内容制作，从前期到后期的技术设备都是很复杂的，广播其次，纸媒相对更简单一些。但现在的融媒体内容制作，虽然融合了传统媒体内容制造的所有工序，但从实际的生产流程来说，反而更简单了。

首先是视频内容的采集和后期制作，其生产成本越来越低，因为这个工序的制作设备门槛越来越低。当前，诸多的体积小巧、携带方便、使用简捷的摄录设备已经被大量采用，视频剪辑更是可以在一台小巧的笔记本电脑上利用操作简便的剪辑软件完成，而这些设备，完全可以达到甚至超过传统电视媒体广播级的像素要求。同时，现在也有了一系列更加简便的设备和方式对声音进行处理，对于要求不是非常高的音视频内容而言，一台单反，一套价格并不高昂的录音设备，一台笔记本电脑和相关软件，便可以远远超过传统电视模拟信号制作处理时代那复杂昂贵的专业摄录制作设施。

融媒体，尤其是以移动终端为载体的融媒体平台（比如手机）的视频内容往往都是短而精的篇幅，从制作标准的角度来说，其技术要求往往都不会非常高，前面图中的设备系统，足以满足此类短视频的前后期拍摄制作。

图1-16　适合融媒体小成本视频制作的小型摄录设备

图1-17 适合融媒体较低要求录音标准的设备

图1-18 适合融媒体小成本视频内容制作的摄影、录音一体化装备

图1-19 适合融媒体小成本视频中大场面拍摄的航拍无人机

图1-20　适合融媒体小成本视频制作的灯光设备

从制作团队的角度来说，此类视频内容的制作团队都是非常精悍的，团队成员往往较少，岗位设置并非泾渭分明，工种之间的交集融合度非常高，也就是说，各个工作人员都是"一专多能"的角色。在此类视频的制作中，摄像师、灯光师、录音师、剪辑师、调色师都可能是一个人。因此，这一类视频的制作，一般都会是由一名集导演、文案、剧务等角色于一身的创作者，一名兼具摄影、灯光、录音、剪辑、调色等定位于一身的技术人员，一名协助前两者工作的人员来构成。

公众号《一条》每天向受众推送一条五分钟左右的视频，每年就是365条，这是一个比较庞大的工作量，每条五分钟左右的视频，平均前期拍摄时间为十个小时左右，但《一条》的负责人却并没有在其视频制作部门设置"导演"这个岗位，因为他们的要求是，外出拍摄的摄影师和其他工作人员必须具备导演、编剧的文字功底和外联人员的沟通能力。事实上，各类融媒体平台的视频内容生产部门，都不可能如同传统电视媒体那样，在视频制作这一个业务板块上投入巨大的人财物力量，除了以视频内容为主干，图文和其他内容为辅的融媒体平台以外。

二、融媒体视频内容拍摄阶段的"跨屏"思维

（一）什么是"跨屏思维"？

所谓"跨屏思维"，其实就是照顾不同终端受众对视频图像的观赏习惯和需求。

融媒体表现在内容信息传送的终端，不外乎只有"电视屏幕""PC屏幕""PAD屏幕""手机屏幕""户外或电影大屏"这几种信息显示载体。在这几种不同尺寸的屏幕上观看视频内容，受众在视觉要求上是有一定的差异的。

在电视屏幕上以及户外或电影大屏看视频，人眼对画面的景别要求不是太挑剔，视频的前期拍摄阶段，可以不用过多考虑景别是否符合观者的视觉需求。

但PC、PAD、手机，这三种传播载体的屏幕尺寸依次减小，屏幕尺寸越小，观者对画面景别的要求也越小（画面景别按远景、全景、中景、近景、特写依次减小）——这也是为什么电影往往大场面更多，而电视剧往往画面景别比电影更小的原因之一。

因此，融媒体视频内容的制作，首先应该考虑该视频在哪种尺寸规模的屏幕上播放的可能性更大一些，或者主要是为哪一种屏幕尺寸量身打造的。明确这一指标后，视频的前期拍摄就应该有的放矢。

以《和陌生人说话》与《一条》推送的视频内容为例，因为这两个视频栏目本身就是为手机端观众量身打造的，因此，在这两个栏目的前期拍摄中，就最大限度照顾了手机用户对画面景别一定要尽量小的要求——用一个比较通俗的方式来说，那就是画面一定要离大家想看到的人或物得尽量近一些。

但绝大多数融媒体视频内容，是需要在不同的终端上进行播放的，如由各大视频网站参与投资制作的综艺类、纪实类作品或者电视剧和网络电影等内容，人们就会根据自己的实际情况来选择哪一种尺寸的屏幕来观看，因此这一类视频内容在前期拍摄阶段就必须考虑不同尺寸屏幕前的观众不一样的需求，这就是跨屏思维。

因此，从前期拍摄阶段，需要进行"跨屏"传播的视频内容，就需要在画面景别的类型上全面覆盖，并且做到这些景别类型在比例上的差距不要过大。

同时，不同终端的观众对屏幕上画面以外的信息是持有不同的观赏心理需求的，比如字幕，大尺寸屏幕的观赏者对画面上字幕的字号、色彩等要求都不是非常严

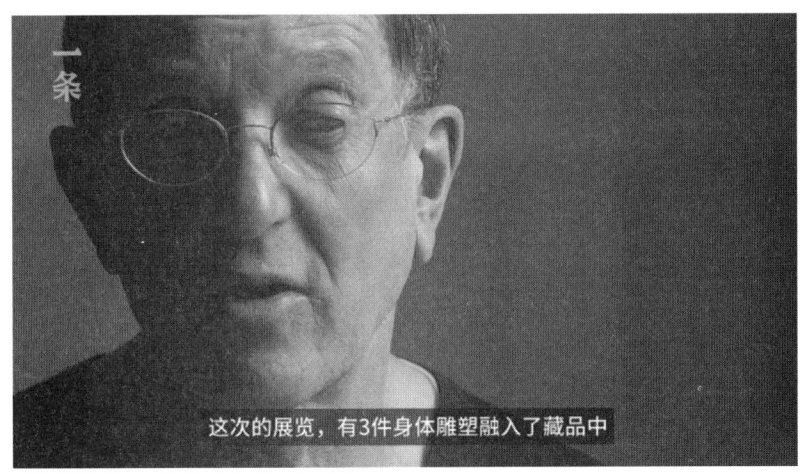

图1-21 公众号《一条》的视频画面构图特征

(图片来源:《一条》微信公众号)

图1-22 手机客户端栏目《和陌生人说话》的构图特征

图1-23 《和陌生人说话》的画面特征

苛——其字号可以小一些,密集一些;色彩也可以丰富一些。但小尺寸屏幕观赏者对字幕字号的要求往往都是要大一些、稀疏一些,色彩也不要过于丰富(小尺寸屏幕上某一色块色彩如果过于繁复,会在视觉上形成一种"色彩溢出错觉",这样会影响观赏体验)。因此,如果一个视频内容需要跨屏传播,就必须在其字幕的字号、密集度(版面设计)、色彩等方面全方位均衡,照顾不同屏幕观赏者的观赏体验。

三、融媒体视频内容制作的技术指标

视频节目制作的技术指标非常严苛,且随着技术的进步在不断地发展,从模拟信号时代发展到现在的数字信号时代,视频节目的技术指标量化衡量标准也发生了质的变化,但从基本面上来看,视频信号的测试标准也有一些最起码的基准,对于融媒体视频节目而言,因其具有"跨屏"传播的特点,因此,在其视频画面的测试指标上也有其特殊性。

首先,融媒体视频内容要满足在电视上播放的技术标准,对于电视画面播出的信号,其技术指标大致是这样的:

①节目全电视信号峰值不应大于0.8V

②亮度信号峰值电平不大于0.721V

③基色信号电平峰值不大于0.735V

④字幕电平不大于0.8V

⑤黑电平与消隐电平差（低电平）标准为0—0.05V

这是传统电视信号的基本技术指标，这必须在专用仪器上才能够进行测试，而现在的数字媒体，一般就以视频画面的像素来衡量其质量。数字图像领域都是采用二进制方式进行运算，用构成视频画面图像的像素来描述数字画面的品质，通常以"K"为单位，4K（4096×2160）像素标准是视频制作发展的一个趋势，但当前的绝大多数视频显示终端，尤其是PC、PAD、手机等小尺寸屏幕，还不能进行真正的4K图像显示（电视机普遍可以达到这个标准，但除了2019年中央广播电视总台4K频道正式开播以外，4K节目源还暂时未能大面积普及）。因此，融媒体视频节目制作，如有"跨屏"传播的需求，就基本以高清分辨率（1080P，1920×1080）为主，或采用2K标准（2048×1152）分辨率。

而用于融媒体传播的视频内容，其音频部分也有多种技术指标，如：DD5.1（杜比5.1、AC-3，占用空间小、便于网络传输）、DTS（能实现更好的音频回放效果）、DD+（具有7.1或以上数量的声道，适用于广播级高质量的音频应用领域）、DOLBY TRUEHD（无损压缩编码方式，对传输带宽要求极高）、DTS-HD（是DOLBY TRUEHD技术的完美替代方案，在高清影音领域应用广泛）、LPCM（无压缩音频，数据量巨大，但音质良好）等。

思考及练习题

1. 请在网络上寻找几个类似于《一条》或《二更》这样的自媒体视频栏目，总结一下他们的视频内容制作思路和基本指导思想是什么。

2. 请模仿《一条》的表现方式和技术指标制作一段3分钟左右的较高质量短视频，并提前拟定制作这样一段短视频需要哪些设备，人员如何分工，进度如何规划。

3. 请制作一段10分钟左右的视频，使其不仅仅适合电视观众观看，也适合PC用户和手机端用户观看，并提前思考并阐述制作这段视频在拍摄中应该有哪些注意事项？

第五节 融媒体内容创作的运营

媒体是一个经营实体,其生产内容的根本动机是盈利和发展。融媒体应该从哪些渠道来实现自身的盈利呢?

一、融媒体内容的盈利变现渠道

传统媒体的盈利变现渠道主要依靠广告,或者借助媒体自身的平台优势,以一些现场营销活动来补充广告收入,再或者是媒体本身的发行(如纸媒的发行、电视的收费节目等),除此之外便基本没有更多的变现渠道了,这是传统媒体的局限,但融媒体却能综合前述传统媒体所有的变现盈利渠道,并且还能实现更优化的计费方式,从而实现更为优化的盈利方式。除此之外,融媒体还能够突破媒体行业本身的限制,渗透到其他产业,通过"产媒融合"的方式进行经营,从而实现以更丰富的,更多元化且更为强劲的方式盈利变现!

融媒体也是媒体,广告经营也是其主营业务之一,人们在融媒体上进行内容信息消费形成的流量,就是融媒体最基本的竞争力和运营要素。融媒体的广告经营,融合了传统的电视、纸媒和广播的所有优势,同时还摒弃了这些传统媒介所有的劣势,因此,当前整个市场上广告的投放,已基本形成以融媒体为主要投放平台的形势。

二、融媒体广告运营的形态

融媒体的广告兼具视频、图文等传统媒体广告形态特征,但也形成了自身的广告形态特色,如互动性更强;传播力更强势;不受时段、版面、地域等因素的影响,同时,其广告的呈现方式也更为多元化。例如在手机终端,或是PC终端或者是传统电视机上的网络页面上看一个视频,除了视频开始之前,和传统的电视相似的方式有一段或若干段贴片广告以外,我们在暂停视频时,还会有一个暂停页面的广告强势地弹出,这就是传统电视媒体无法做到的一点。

当然,融媒体的广告形态还有很多,如"H5"广告("H5"广告是市场上对微信小互动页面广告约定俗称的称谓,但这样的称谓并不太规范,因为"H5"不是一项技术的名称，而是一个技术标准而已）；弹窗广告（从屏幕某个角落突然弹出一个窗口推送广告）；开屏广告（主要用在媒体终端开机时或是用户打开一个具体应用程序时弹出的整屏广告）；插屏广告（主要是指用户在暂停一个具体应用程序，比如在手机上暂停正在观看的电视剧，或者退出某视频应用时弹出的广告页面）；Banner（条幅，就是在某些门户网站上横跨屏幕的一些横向或竖向条幅式的广告）；原生信息流（实际上就是混杂在媒体非广告信息内容当中的广告，媒体以非广告的外在形态将其放置于正式的内容当中）；视频overlay（是指在视频内容播放的过程中在屏幕某一位置弹出的广告，这会覆盖掉一定面积的视频）；等等，不一而足。总体而言，这些广告的呈现方式，其实都是利用了融媒体内容呈现的实时性、互动性和受众主动性非常强的特点。

但融媒体的广告运营，和传统媒体有着本质上的不同：传统媒体的广告是依靠出卖时段（电视、广播），或者广告位（纸媒），其计价方式也是按广告时段的价值和广告位置的空间方位和大小来计算的。并且其弊端就是受到时间和空间的制约（如电视或广播广告，播出后就无法再重复；如纸媒广告，是一对一的传播），但融媒体广告却不受时间和空间限制，只要用户在使用融媒体终端进行信息接收，广告就可以随时弹出（技术上是可以实现的，但这样操作却在受众体验上是不合适的）。因此，从广告运营的角度来说，融媒体广告在形式上远比传统媒体丰富得多。

同时，融媒体的广告运营对于广告客户来说，也有着更为透明、效率更高、方式更科学的计费方式，融媒体广告的计费方式跟其广告效果直接相关，这与传统媒体的投放效果衡量困难、投放效果无法与计费挂钩有着明显的不同。融媒体的广告效果衡量可以比较直观地通过广告点击率甚至广告直接的变现率挂起钩来。比如CPM（Cost per mille），它指的是在融媒体广告投放中，点击访问这条广告的用户每一千人分摊多少成本，这是融媒体广告计费中比较科学的一种方式，虽然传统媒体也会采用这样的计算方式，但融媒体广告内容究竟有多少人点击访问，点击访问了多少时间等数据的统计是非常精确的，这样就为这种计费方式从技术上消除了壁垒，这就要比传统媒体必须按照统计学的方式来进行计算后得出的数字要精确得多。

正因为数字技术上的突破，使得融媒体的"广告运营在媒体——广告主——广告商"三者的关系层面更为融合，广告主的主动权更大，广告的投放更为精准，目标更为集中，传统媒体的广告是广泛撒网似的营销手段，这样的广告投放会带来大量无效的受众到达，也就是可能有很多并不对广告内容有所需的人会看到广告，而真正有所需求的人有可能又没有看到广告，而融媒体广告则不然，因为它是基于大数据的精准营销投放。

DSP广告就是融媒体广告的一种核心体系，所谓DSP（Demand-Side Platform），也就是"需求方平台"，这是一种以精准营销为核心理念的融媒体广告形式，它与Ad Exchange（互联网广告交易平台）和RTB（Real Time Bidding，即实时竞价，是一种利用第三方技术在数以百万计的网站上针对每一个用户展示行为进行评估以及出价的竞价技术）一起迅速成为融媒体广告运营的主要模式。

需求方平台（DSP）允许广告主和广告代理机构更方便地访问融媒体站点，以及更有效地购买融媒体的广告库存（融媒体的迅速发展，使得媒体资源极大丰富，同时，媒体的广告资源也呈几何级数增长，这就必然形成一定量的广告资源库存），因为该平台汇集了各种广告交易平台，广告网络，供应方平台（SSP），甚至媒体的库存。有了这样一个平台，广告主以及广告代理机构就不需要向媒体本身发出传统意义上的烦琐且效率低下的购买请求。

本质上，DSP与Ad Exchange、RTB、SSP形成了一个完整的融媒体广告运营、中介、购买、大数据精准效果评估的生态链。这其实就是为广告主提供了一个跨媒体、跨平台、跨终端的精准广告投放平台。

三、融媒体广告的计价体系

CPM（cost per mille）：每千次展现收费方式。这是一种沿用了传统媒体广告计价体系的计费方式，也是融媒体广告最常用的计价方式，这种广告计价方式以被送达到（展现在受众眼前，不管受众有没有点击）的1000人为一个计量单位（每1000人收看了广告，则为一个CPM）。这是大流量融媒体往往都会采用的计价方式。

CPC（cost per click）：按每一次点击收费。这样的计价方式前提是受众必须点击打开了融媒体平台上的广告窗口，只要受众没有点击的行为，融媒体平台则不收费。这样的计价方式更侧重广告的有效性，对于广告主来说，选择这样一种计价方式，可以比较直观地知晓所投广告的效益转化情况，也更有利于降低投放费用。

CPA（cost per action），按每次用户行为计价。这样的计价方式，更注重广告的有效传达，这种方式是根据广告主指定广告的送达对象在收看点击广告后的进一步行为进行收费，如果送达对象在接受和点击广告内容后，没有发生广告主所指定的这些行为，广告主则可以不付费。广告主可以指定受众在点击广告后，进行注册、咨询、下载、留言交流甚至交易这样的行为（或其中一种）。这样的计价方式可以最大化满足广告主对广告的投放诉求，但却给融媒体平台提出了更大的挑战。

CPS（cost per sale），按每次成功交易计价。这比CPA更倾向于广告主诉求，对融媒体平台的要求更加的高，但价格也会更昂贵，顾名思义，这是在广告投放后，受众与广告主发生了交易行为，广告主才会将这笔交易的分成费用付给融媒体平台。

CPL（cost per lead），按每一条数据收费。这是一种以收集受众，尤其是广告主看重的潜在消费者个人信息的计价方式。在融媒体平台上，受众在点击了某些广告后，广告页面就会引导受众一步步的填写某些信息，广告主则根据每一条信息是否有效来决定付费给融媒体平台与否。这样的广告计价方式通常被一些游戏、APP等采用。

四、融媒体的"产媒融合"变现方式

融媒体"产媒融合"的变现方式随着其内容生产的创新而不断演变，前文所提到的《区块牛人》和《一条》两个案例，均是利用媒体这样一个平台，与表面上看起来毫不相干的行业融合起来（《区块牛人》将媒体和科技金融领域融合起来；《一条》将媒体与商品销售的电商平台融合起来），将两个行业勾连在一起，你中有我、我中有你，以媒体带动产业扩能，以产业发展反哺媒体。

而另一类以"产媒融合"思路实现媒体内容变现的形态则是以内容本身为平台为其他产业提供服务，也就是内容与营销融为一体，如公众号《二更》，其基本的内容制造逻辑和《一条》是类似的，都是生产较精致和高端的短视频，其选材范畴和表达调性也基本和《一条》类似，但它的变现逻辑却和《一条》完全不同，《一条》是通过非商业化的短视频吸引关注，从而形成其电商平台上的巨大流量，也就是说，《一条》的短视频生产和其电商商品销售是相对独立的两个部门。而《二更》则是另外一

套盈利变现逻辑：它除了是一个视频内容生产商以外，事实上更是一个全网络内容分发商，正因为《二更》打通了全网络视频分发渠道，所以它便成为一个全网络渠道商，其盈利变现模式就具有鲜明的渠道特色——除了传统意义上的广告业务板块以外，《二更》的核心业务其实是"定制视频"，所谓定制，就是根据客户需求，制作植入了客户核心诉求的短视频，事实上，这就是通常所谓的"软广告"，也就是在视频中植入某一品牌或商品的推广内容。同时，《二更》利用其全网内容分发渠道，来实现客户营销诉求最大价值的实现。其"产媒融合"的逻辑，就是为其他行业客户提供全网络全渠道（甚至包含线下渠道）的营销服务。

思考及练习题

1. 请关注一个名为《艾问人物》的自媒体，认真观看其制作的节目内容，浏览其页面上的信息组成，然后分析思考其盈利变现的模式应该是怎样的。

2. 请策划一档自媒体视频栏目，详细阐述这个栏目的市场定位，重点阐述这档栏目的盈利变现模式。

4. 请观摩一档由高晓松主持的名为《大城小聚》的栏目，通过观摩，你认为其变现盈利的方式是什么？

5. 请观摩一档名为《卧底老板》的栏目，通过观摩，你认为其变现盈利的方式是什么？

第六节　融媒体内容创作的管理

融媒体既然融合了诸多形态、性质的媒体平台，那么，其内容制造、运营发展、行政管理等团队必然会融合不同性质的内容生产单位、不同性质的生产流程及行政管理单位、不同性质的经营运行单位。如此一来，融媒体在管理层面还需要进行资源、人事、经营等层面的交织整合。

一、如何对媒体资源进行整合

内容永远都是媒体生存的根本，融媒体时代，也是信息大爆发的时代，更是信息采集获取技术大爆发大发展的时代，各种内容信息通过成千上万的自媒体、个人拥有的手机等移动设备采集、集中、发放。媒体作为一个机构，反而失去了瞬息万变的内容信息采集的灵活性和机动性。因此，如何收集整合来自四面八方的内容信息，就变成了融媒体的生存之本，就有些融媒体的视频内容板块而言，其内容的来源主要来自于社会力量的上传。而融媒体的角色则是对各类信息分门别类的进行整合。

图1-24　县级融媒体建设样本——浙江长兴县融媒体中心

（图片来源：人民网）

以中宣部县级融媒体建设样板单位——浙江长兴县融媒体中心为例——这是全国第一家整合了区域内电视、广播、报纸、网站、两微一端（微信、微博、客户端）、大数据公司等资源的县域融媒体平台，这是一个以内容发布为主，融合了政务服务、生活服务的媒体平台。从资源整合的角度来说，长兴县的融媒体中心基本将能够聚集交叉的媒体资源全部进行了融合。这在根本上改变了媒体生态圈，原有的传统媒体，实质上是一种相互竞争的关系，但进行资源融合后，则形成了一种协作共生的关系。

二、如何对不同类别媒体人才资源进行整合

（一）融媒体人力资源融合的前提

传统意义上的县级媒体，比如电视台，内容生产、采集和编辑部门的人员以及内容播出的人员，基本都是相对独立、各司其职的，同时，内容生产的辅助性部门，比如技术部门，更是独立于采编播部门之外，但对于融媒体而言，这样的机构设置显然是不符合其生产特性的。由于融媒体必须以互联网数字技术为载体，因此，融媒体的内容生产流程必须融入技术部门的参与。不管是传统形态的图文或视频新闻、专题等内容，还是直播、录播等形式的传输模式，融媒体都会在技术层面全面应用诸如4G传输（很快就会运用5G技术进行内容传输）、流媒体传输、移动直播、全景拍摄、AR、VR技术、无人机技术等手段，同时，在内容的呈现阶段，也需要以诸多的科技进行视觉听觉上的优化，从内容展现的角度来说，多维度多形态的呈现方式，都是需要强有力的技术支撑才能做到的。因此，将技术人员充分融合在采编播的内容生产全链条当中来，是融媒体人力资源整合的一个重要特色。同时，在内容采集编辑流程当中，文字工作、图像采集工作、编排整理工作等岗位，也都摆脱了"一人一岗""一个萝卜一个坑"的传统媒体内容生产方式，转而进化到了"一岗多能""一人多岗"的生产方式。

（二）融媒体人力资源融合的方式

具体来讲，人力资源的融合本质上是生产流程的融合，对于融媒体而言，其内容生产流程绝对不是传统媒体各自生产流程的简单叠加，而是一种"分子层面"的反应。融媒体在用户端的呈现就是"跨屏"的信息传播，内容信息的分发渠道多样化。而追溯源头，这些内容信息则依靠融媒体中心来先行整合，因此，从生产链条的角度考虑，融媒体必须建立一个"中心化的内容素材库"，这是融媒体内容生产线的第一个环节，在这个环节之后，则需要将这个中心素材库的内容信息发放到编辑部门进行整理编辑，这个环节是融媒体内容生产最核心的环节，同时，也是最能够体现融媒体在内容生产岗位设置和人员使用上的"融合性"这一特点的部门。在这个部门，不再像传统媒体那样分为"文字编辑""图片编辑""视频剪辑""声音剪辑"等

细分岗位，而是只有分为"电视端"与"网络端"两个岗位，这两个岗位的人员分别负责视频内容的剪辑整理和图文信息的编辑整理，这两个岗位也不是完全独立的部门，"电视端"岗位所生产的视频内容必须满足"网络端"发布的需求，并且要为网络端图文编辑岗位提供其必需的短视频内容版本，满足其图文信息补充的需求，反之亦然。

在融媒体中心的具体生产环节中，编辑记者使用统一的融媒体平台通过移动客户端，在采访现场即时发回多媒体素材，上传其在事件现场采集到的或者在第三方平台上采集到的包括图、文、视频在内的各类素材。与此同时，电视（或融媒体中心的传统媒体部门）编辑和新媒体编辑可以同时获得这些素材，同步生产，实现"一次采集，多端口共享，多终端分发"。

而在生产班次的安排、组织和调度上，融媒体的内容生产也发生了质的变化，传统媒体的内容生产往往都有延时，因此，其生产部门的班次往往都不会是全天候24小时排班的，但融媒体的内容生产，因为主要以网络端的发布为重，而网络用户却是没有时间上的限制的，"网民"往往都是24小时随机查看网络信息，融媒体的内容生产，其竞争力往往就体现在其内容的更新速率上。因此，融媒体的内容生产和分发部门，就必须以"三班倒"的方式进行生产组织和调度。

三、如何整合生产和经营两个部门

（一）广告依然是经营的主体

以媒体最基本的经营板块——广告而言，平面纸媒的广告，其计价方式主要是广告版面的大小，而电视和广播的广告计价方式则是时段和播出次数。但融媒体同时兼具纸媒和电视广播媒体的性质，那么，其广告经营也就不能以这几种媒体广告经营计价方式的简单叠加来思考和执行，而是完全以互联网广告的计价方式进行广告经营，而广告形式也不是纸媒的平面广告和电视广播媒体的可视听广告的简单叠加，诸多新兴的广告形态也随着融媒体内容呈现的方式演变而进化。因此，融媒体的经营，不能够像传统媒体那样恪守已有的一亩三分地，而是要不停地变换思路，不断地对媒体资源（广告形态）进行推陈出新的开发，才能够让融媒体的运行处于良性循环的状态。比如浙江长兴县融媒体中心，其一年的收入能够达到2亿（截至2018年数据），这就和他们能够将自己的媒体产品进行不间断的改良，使盈利运行平台不间断的进化，从而让整个融媒体平台的运行由单一盈利模式向着"产业链"式营收模式转化有密切的关联。

（二）内容不仅是生产环节的主题，同时也是经营的手段

对于从传统主流媒体转型而来的融媒体内容生产单位而言，将自己所采编的内容作为商品输出到第三方商业平台，不仅仅是将自身的品牌进行推广的方法，更是将"内容生产"这个产业链外延和做大的渠道。

因相关的政策支持提高了新闻内容生产的市场壁垒，如我国《互联网新闻信息服务管理规定》等法规，是禁止商业媒体自行采编新闻信息的，这就在很大程度上使传统媒体拓展了内容变现的渠道，因为这样的政策限制，就使得传统媒体（传统的主流媒体，如电视、报纸、广播等是具有新闻内容采编资质的）所生产的新闻内容具有专业性和稀缺性，而版权保护力度的加强，也是相关新闻性质内容附加值增加的一个政策性保障。当前的状况是，商业媒体平台（如梨视频、秒拍等）越来越少地参与内容本身的制作（而专注于内容的发布，打造内容发布平台），尤其是与新闻事件相关的内容采集和制作。而由传统强势媒体转型而成的融合媒体（尤其是由广电等单位转型而来的融媒体），也渐渐地建立起了专注做好"内容采集、整理、编辑"工作的理念，努力扮演好内容生产和提供商的角色，并通过流量互换、内容版权交易等途径实现盈利变现，也就是说，此类融媒体，其采集生产的内容本身，已不再是"免费"传播到观众的眼前，而是通过售卖给第三方专业化的大平台传播到各类终端之上。

因此，融媒体的内容生产，本身就是其盈利变现产业链条上的第一环，其内容生产部门其实就是经营部门，这一形式的内部融合，从根本上解决了传统媒体在生产经营上投入产出比小、机构设置臃肿、管理效能低下的问题。

四、公有制背景的融媒体在机制和体制层面的创新

当前，在融媒体市场这片海洋中，民营资本和传统的公有制背景媒体在同场竞技，从某种程度上来说，后者在县级或市级层面，大多较前者步伐要稍微缓慢一些，这应该是其管理运行机制和体制没有前者转变速度快、机动灵活性更差造成的。因

此，公有制融媒体机构、特别是县级融媒体的建设和发展，在体制和机制层面尤其需要进行创新性的融合。

2018年8月21日和22日，全国宣传思想工作会议在北京召开，中共中央总书记、国家主席、中央军委主席习近平出席会议并发表了重要讲话。

习近平指出，要扎实抓好县级融媒体中心建设，更好引导群众，服务群众。

在这次会议上提到了一个特别的机构——县级融媒体中心，这是这个新机构的名称首次在国家级会议上的亮相。

中央层面对县级融媒体机构进行部署，这是新阶段深化文化体制改革的重大举措，这也意味着推进媒体融合工作重点从省以上媒体延伸到了基层媒体。如此层面的部署，必然意味着"县级融媒体"这样一个新机构在管理体制和机制上将会有着深层次的融合式改革。

首先是体制问题，县级融媒体中心必须摆脱传统县级广播电视领域的运行体制框架，不能再按照机关事业单位的管理方式进行制度设计，而是要进行在政策允许范围内的彻底的市场化改革——也就是将现有市场内在融媒体领域发展得较好的民营企业的体制引入新的县级融媒体中心。

第二是县级融媒体中心的管理层要集体转换思维模式，不要再站在一个单纯的信息发布者和生产者角度来思考问题，而是彻底地将自己置身于用户的思维环境中，不要用自己的思维去代替受众和用户的思维。服务意识是县级融媒体中心最需要加强的一个层面，将县级融媒体打造为一个"综合性的信息发布和本土公共服务平台"，才是筑牢用户基础的根本解决之道。

因此，县级融媒体中心在原则上是一家县市区委直属正科级公益类事业单位，对于其承担的党委、政府新闻舆论宣传任务，及时把党和政府的声音传播到基层群众中这一基本功能，作为公益性任务，财政部门应该全额拨款予以其保障；而对于融媒体中心其他市场化运作的部分，则允许其进行企业化管理和运行。

其次，要给予县级融媒体中心更大的人事自主权，打破编内和编外人员的身份认知差别这个顽固的藩篱，用一个标准衡量人才水准，完全做到同工同酬、按业绩和成效衡量报酬。

思考及练习题

1. 请策划一个自媒体视频栏目，重点阐述这个栏目的组织结构、人员构成与分工。

2. 请通过各种渠道和方式，对你家乡所在的融媒体机构做一个微型调研，并以书面方式阐述其管理架构和体制设计。

3. 请查阅相关资料，对县级融媒体建设的相关政策进行解读，并谈谈自己的看法。

4. 按照第一节练习环节的设计，你所在的班级已经是一个小型的融媒体平台，现在，请你拟定一个该平台的人员分工及管理制度。

第七节　融媒体内容创作的推广

媒体内容也是一种商品，商品是用来出售的，出售就需要推广、宣传。融媒体本身也是需要进行自我的推广和宣传的，那么，融媒体平台要怎么样才能够广而告之，从而使更多的人关注自己呢？

这需要从融媒体本身的定位来看。首先，融媒体也有不同的类型，按其所服务和推送的区域以及目标受众的空间分布来说，融媒体可以分为"区域化融媒体"和"全网融媒体"两类；在融媒体内容板块的设置上，也会有不同的侧重，比如有些融媒体平台更侧重于图文信息，有些更注重视频内容，有些更注重音频内容。从推广的角度来说，应该从"区域化"和"全网化"两个层面来考虑。

一、区域化融媒体如何进行自身推广

（一）什么是区域化融媒体？

所谓区域化融媒体，就是以某个特定区域内的受众作为推送和服务对象的融媒体，这样的融媒体平台只针对这个区域内的人们进行内容生产和服务。比如全国各地的地级市、县级城市的融媒体平台，基本都是属于区域化的融媒体。

（二）区域化融媒体在推广上的优劣势

1. 区域化融媒体在推广上的优势

区域化本身就是其推广上的优势之一！

区域化融媒体通常都是某地区的传统媒体融合转型而来，该区域受众本身的黏性就已经存在，关注者是由传统媒体自行切换至新媒体的。因此，在推广方面，这一类融媒体平台就存在着先天的优势。

本土化的内容以及在本地区文化、习俗等层面的深度嵌入，则是区域化融媒体在推广上的第二个优势。

从根本上来说，人们对外界信息的兴趣点和关注点，都是以身边事为重，离自己越近的事和人以及与自身生活工作息息相关的各类有用有效信息，才是每个人关注的重点，从实用性的角度来说，区域化融媒体所具备的功能就是为其服务对象提供最有价值的信息。因此，区域化融媒体就具备了受众拥有自行转发的意愿和动力的特性，这使其推广工作难度大大减小。

第三个优势是，区域化融媒体往往还得以在政策上受到一定的支持。

由于区域化融媒体的内容都会涉及一个地方政府及众多公共部门的行政工作，且这个平台有可能还是当地公共服务部门发布权威信息的最有效通道，因此，这一类融媒体平台在推广工作上也就能得到政策层面的一些支持和配合。

2. 区域化融媒体在推广上的劣势

区域化融媒体的劣势，首先也正是来自于区域化。

尽管人们关注信息的重心是与自身相关，与自己所居住的地区相关，而融媒体平台发布的信息如果是没有热度、没有爆点、没有一定的稀缺性，那其受关注的程度自然会降低，但一个地区的信息量，尤其是具备热度的信息量毕竟是有限的，因此，区域化融媒体平台可能的情况是，在大部分时间内，其发布的信息往往都不具备某种成为热点的能量，因此可能就会导致其关注量的不温不火。

而其第二个劣势也正是来自于其为公共服务部门发布信息的角色定位。

传统媒体时代，一个地方的区域性电视、广播、报纸三大家，其主要的版面和时段都给予了当地政府部门的各种动态报道，而这些报道，可能跟老百姓的生活和工作息息相关，但其报道的形式却并非老百姓所喜欢的。而当前诸多的区域性融媒体平台，依然在某种程度上延续了这样一种风格，这也是影响区域化融媒体推广的一个因素。

（三）融媒体推广自己的目的

与传统媒体一样，是增加自己的曝光频率，增加自己在受众间的知名度和黏性，增加自己品牌的附加值……而达到这一目的的根本途径则是在自身定位非常清楚的前提下，按照融媒体的传播特点，制定出一条完整的路线图，一步步的将自己的品牌知名度提升起来。

对于区域化的融媒体而言，利用好自身的优势、规避掉自身的劣势，才是推广自身品牌的王道。

（四）区域化融媒体如何推广自己

1. 区域化融媒体也得借助第三方的全网数字平台来增加自己的曝光强度

网络信息的特点是没有地域限制，一个特定区域内的受众，虽然其生活空间和工作空间受到了限制，但其通过网络获取信息的空间却是无限的，人们很容易形成选择大型网络门户进行信息浏览的习惯，比如比较知名的门户网站、微博、各种视频APP等，区域化的融媒体可以通过这样的第三方平台来推送自身所生产的内容信息，比如利用新闻类的《今日头条》、视频类的《梨视频》等全网平台，通过推送带有自身品牌标识的内容信息，在获取全网范围的关注同时，也自然会获得本地区受众的广泛关注，通过第三方平台流量的带动，也就树立了自身传播品牌的形象。该区域化融媒体在本区域内的受关注度自然会通过这样的平台得到提升。

2. 区域化融媒体也可以购买转载一些全网络媒体的内容资源

这个逻辑和借助全网络平台推送自己的内容目的是一致的，都是为了增强自身品牌的附加值和形象。这也是区域化融媒体为增强本区域内的受众对自身品牌黏性的一种有效手段，从全网络融媒体上购买或转载的内容，事实上是为本区域受众提供了对于域内外信息关注的一条龙服务。

3. 区域化融媒体必须发挥社群服务功能，也就是能够近距离为本地民众提供服务的优势

融媒体平台推广自身品牌最有效的方式莫过于为域内受众提供服务——除了内容信息方面的服务，还要有诸多的"增值化"服务内容：比如为区域内的市民提供公共

服务平台，或者是商业服务平台等，只要足够实用，该融媒体平台就能形成长效的受众黏性。

如长兴融媒体中心的长兴手机客户端，不仅仅是一个内容丰富的信息发布平台，兼具电视、广播、报纸、网站等所有的信息发布功能和特色，并且还嵌入了丰富的生活服务功能，诸如社保服务、民政服务、税务服务、不动产办理服务、医疗服务、出入境服务等公共服务功能，这个平台已成为当地民众生活中不可或缺的一个工具——获取身边信息，进行生活管理的工具。

甚至有非常多的区域化融媒体平台也为市民提供商业服务，如四川省内江市的《最内江》融媒体平台中的"大内特供"板块，实质上就是一个营销当地特色商品的电商平台。

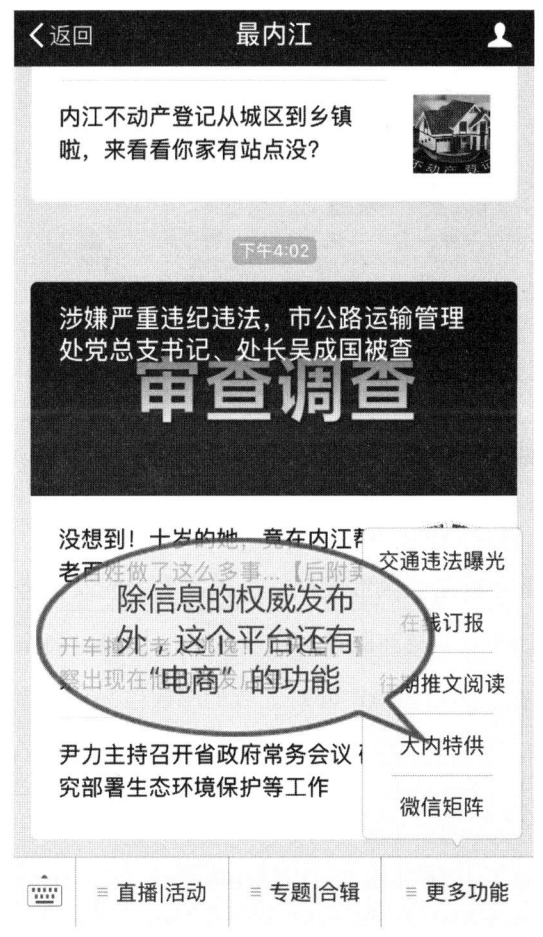

图1-25 《最内江》融媒体平台上的多功能交互界面

图1-26 融媒体平台上的电商功能界面

（图片来源：《最内江》微信公众号）

二、全网化融媒体如何进行自身推广

全网化融媒体面对的竞争，事实上比区域化融媒体大得多，区域化融媒体可以（至少当前可以）在某一特定区域形成在信息采集上的先发优势（能够第一时间采集到本区域内的内容信息），以及在服务提供上的独家优势。而全网化的融媒体平台却做不到这些，它只能在全网络环境中面对无数的融媒体平台的平等竞争，那么，在这样一种环境下，如何才能够让受众知道自己的存在，同时能更进一步形成用户黏性呢？

（一）全网化融媒体可以依靠SEO进行自身推广

品牌推广，是每一种商品，每一个企业都必须要进行的一项工作，融媒体平台作为一个企业，同样也要进行自身的品牌推广，从而在浩如烟海的融媒体世界中获得存在感，这也是其能够持续性发展的前提和基础。

1. 什么是SEO？

SEO（Search Engine Optimization，搜索引擎优化），是通过知晓搜索引擎对各种内容进行先后顺序排名的规则、规律和技术，而对自身融媒体内容进行优化改进的工作。这是融媒体平台自我营销的线上解决方案，各类融媒体依据搜索引擎内容排名算法机制，对自身的内容进行优化从而使得自身的内容在搜索引擎上的排名尽量靠前，获得更多的流量，进而达到自身品牌形象曝光率和美誉度上升，建立公众知名度的目的。

全网环境内，受众面对的是海量的内容信息数据，从受众心理来看，人们都是希望高效率、第一时间获取自己感兴趣的内容信息，而非在浩如烟海的网络内容中去慢慢寻找，因此，搜索引擎就是受众快速获取所需内容最有效的方式，是网络空间中品牌获取存在感的非常有效且重要的推广方式，更是融媒体将自身内容和品牌第一时间呈现在受众面前，并提高自身访问量的一个利器。

2. 在融媒体的角度，如何做好SEO？

搜索引擎是通过算法来确定如何抓取全网络环境下的各个融媒体页面、如何进行索引以及如何确定对某些关键词的搜索结果进行排名，各大搜索引擎的算法可能会依据自身的需要而进行更新，因此，熟悉搜索引擎的检索逻辑，是融媒体管理者和技术人员将自身平台内容进行有效推广的前提。

这里重点解释"整站优化"这一概念：所谓整站优化，包括了融媒体网络站点的内部优化和外部优化两个方面。

内部优化：第一是各种文章、视频、音频内容的标题、关键词、摘要等内容的优化，这种优化主要是要以当下最符合受众阅读、观赏习惯和潮流的方式进行表述；第二是进行内部链接的优化，比如TAG标签（相关性链接）、锚文本链接（以关键词作为链接，指向其他的网站）、图片链接等；第三，也是最本质最核心的优化，那就是内容实时更新。任何一个媒体，时效性永远都是其最核心的竞争力，这也是媒体之间拉开差距的一项重要指标。因此，能够不间断实时更新内容的融媒体，才能够在全网环境中不断保持搜索引擎前列的位置。

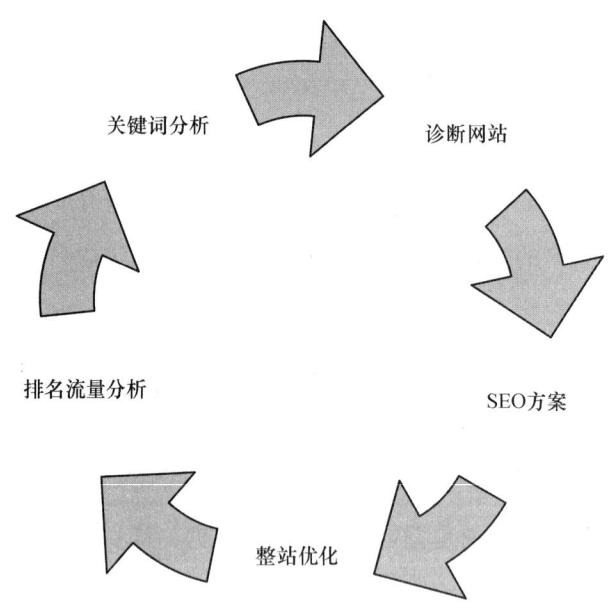

图1-27　SEO的基本流程逻辑

外部优化：第一，要提升外部链接的多样性，要将自己的内容尽量丰富的链接到博客、B2B、分类信息、论坛、贴吧、百度百科、知道等站点；第二，也是最重要的一点，就是要与自身平台具有一定相关性的优质网站交换友情链接，这样可以在媒体与媒体之间形成一种互补的关系。

（二）融媒体内部跨平台交互式推广

融媒体平台，就必然拥有除网站以外的其他较为传统的媒介，以电视台为例，当前实力较为雄厚的传统电视台，已经逐步地完成了融媒体化的进化过程，以中央广播电视总台为例，在传统的电视终端上，中央广播电视总台是国内无可争议的龙头，在其屏幕上所传递的信息，无疑都能获得巨大的流量，其传播效果是毋庸置疑的，因此，在其电视屏幕上，除了正常的节目内容播出外，提醒观众关注其数字终端，也就是央视网以及其微博、微信公众号等载体的信息也会实时的播出。另一个实力同样雄厚的电视台——湖南卫视，也拥有一个几乎家喻户晓的数字融媒体平台《芒果网》。它们对自身品牌推广的逻辑都是一样的，那就是在传统的电视屏幕上高频次播出提醒关注其数字融媒体平台的信息，同时，在其数字化融媒体平台上，也会有对传统屏幕上即将播出的电视节目的预告和提醒——这就是融媒体内部平台的交叉推广。

思考及练习题

1. 请为第五节和第六节你所完成的自媒体视频栏目设计一套推广方案,目标是在短期内获得10万+的关注量。

2. 你认为你所在班级如果模拟打造的融媒体平台可以以什么样的方式为全校师生提供什么样的公共服务从而使该平台在最短的时间内为大家所熟知?

第二章 融媒体环境下电视频道内容的编辑与创作

　　媒体融合的趋势，让电视台不可避免地被席卷其中，而从某种程度上来说，电视台在融媒体发展的进程中，还扮演着主要的角色，不管是之前的纸质媒体还是广播媒体，在向融媒体发展的过程中，或多或少都融入了视频内容，也移植了电视台制作视频内容的管理机制和生产逻辑，而以传统电视台为主导发展而来的融媒体平台，则更是将传统电视台视频内容生产制作潜力挖掘得更深更宽广。同时，电视台也在融媒体时代做出相应的变革，事实上，不管媒体终端的形态如何变革，受众对信息获取的要求，一定是以满足视觉和听觉感官为重的。因此，电视台作为一个视频内容生产制作的主体，它的存在和发展以及变革，一定是随着融媒体的发展而推进的，也就是说，电视台这样一个视频内容生产制作的专业化实体，将会随着融媒体的发展更加壮大，而不是衰退……

　　本章内容从融媒体的大变革中回归到传统电视行业当中去，重点阐述传统电视台的生产、管理、运营方式。

第一节　电视台及电视频道的整体组织架构

当下,尽管所有的电视台都已经成为融媒体的一部分,变成了融媒体内容链条中的一环,但其基本的生存形态以及整体的生态还没有发生本质变化。

电视台的栏目组是内容生产的主体,但总编部门又是电视台各个相对独立的栏目组的灵魂和黏合剂,它是电视台内容生产部门和其他运行部门的统管,本节内容从电视台的组织架构入手,重点透析总编部门的职能及其在电视内容生产中扮演的角色。

一、电视台的组织架构及分工

电视制作播出机构,也就是我们熟知的电视台,以及电视节目制作公司等机构,在我国现有的广播电视行业格局下,电视制作公司这样的机构可能仅仅致力于电视节目的策划、制作和销售推广,而电视节目制作公司所涉及的这一块领域,同样也是电视台的主业,同时,电视台也要致力于电视节目的播出。

从资本结构来看,电视节目制作公司的所有制形态是多样化的,有国有资本全资控股的,也有民营资本部分介入的,当然更有民营资本独资的;而电视台则不同,电视台是我们党和政府的喉舌、舆论的高地、意识形态的主战场,因而,在我国,各级各类电视台均属国有。

只要认识、了解、熟悉了电视台的组织架构及分工,也就可以类推到电视制作机构的组织架构及分工了,为了更便利、直观地建立这样的认识,我们可以先从体量较小、规模不算巨大但结构却相对完善的省级卫视电视台说起!

电视台的组织架构，从广义上来讲，大致分为两大板块：第一是行政板块，第二是业务板块，首先，我们来认识一下行政板块的构成：

从行政结构上来讲，电视台由党委宣传部以及政府广电行政主管部门（广播电影电视局）管理，党委宣传部主要对管理层人事、意识形态导向等进行引导和管理；而广电局则对其业务进行指导和管理。其次，电视台本身具有事业单位及企业（国企）的双重性质，因此，其自身的行政结构也就具有双重的色彩。首先，其行政板块的构成依然以"党管宣传"为基本指导思想，因此，电视台的台长一般由当地党委宣传部副部长担任，台党委班子由各业务板块分管副台长或各大业务部门主管构成。

具体来说，其组织结构即台长下辖副台长，副台长下辖各自分管的业务板块，各业务板块由相应主管管理，各主管下辖相应具体业务领导。

以四川电视台为例，其台长由四川省委宣传部副部长调职担任，其下辖副台长，分别分管新闻、广告、文艺、总编等业务板块；各业务板块分设相应主管，如新闻部（新闻频道）设新闻部主任（新闻频道总监），而其亦下设不同业务板块，如时政新闻、民生新闻、经济新闻等分管人员。各频道设频道主任，如经济频道、电影频道、电视剧频道、妇女儿童频道、购物频道等设相应频道总监。广告部则设广告部主任、文艺部设文艺部主任、台办公室设办公室主任、总编室设总编室主任等。

其实，从以上行政结构来看，我们已经窥见了电视台业务板块的一个大概，电视台业务板块由两大部分组成：其一为研发生产部门，其二为经营推广部门。

研发生产部门包括电视台各专业频道、各专业栏目部（室）等构成，这些业务部门下辖管理各栏目组。

再以四川电视台为例，其研发生产部门就包括：卫视频道、黄金十频道（主打本土文化及本土深度专题类报道）、经济频道、新闻频道、电视剧频道、电影频道、妇女儿童频道、购物频道等。除此以外，该台还下设文艺部（主要研发及制作文艺类节目）、国际部（研发及制作用于国际及行业间交流交易的纪录片、举办四川国际电视节等）、新闻部（负责新闻频道的节目研发及制作、负责其他频道新闻及专题类节目的管理或节目内容的提供）、节目交易中心（负责购买及销售相关电视节目）等。另外，电视台生产部门的组成还包括播出及技术支撑部门，比如播出部（负责节目的播出操作），技术部（负责对台内各类技术设备的管理维护，对相关电视节目录制或直播设备的调试，操作等）。

四川电视台的经营推广部门包括广告部和总编室，广告部负责全台广告经营及相关经营策略制定、各独立核算经营专业频道的广告业务经营指导、各外包电视栏目的广告经营活动监督……

二、电视台总编室在频道编辑工作中的核心作用

总编室在电视台中属于负责电视节目整合管理推广的业务部门，这也是本章将要阐述的核心内容，在这里，我们简单梳理一下总编室的业务管理范围及内容。

（一）总编室是一个电视台所有电视栏目的编排管理部门，他们负责安排各个栏目的播出时间段、播出次数、播出频道，同时也负责安排临时的电视节目、大型活动直播（录播）等播出。

（二）总编室负责对整个电视台的视觉形象进行设计、打造、包装、定位；负责指导和引导各个专业频道的定位及形象打造；负责审查各个电视栏目的定位进行指导和终审。

（三）总编室还要负责电视台业务的推广，比如向广告客户推广年度、季度的节目编播计划，配合广告部进行电视台总体节目编排计划推广，并在融媒体平台上的网络平台对电视台整体形象，节目编排，重点电视栏目推介，重点活动推介等工作。

（四）总编室还要负责对其直辖的栏目进行管理，一般来说，各大电视台公共服务类的电视栏目都划归总编室管辖，比如天气预报、全天节目导视、公益广告的制作审查和播出等。

总之，总编室是电视台宣传决策的执行、咨询和宣传业务的管理机构，同时，还是协调节目策划编辑生产部门、技术播出部门和行政后勤部门的职能机构、中枢神经！

思考及练习题

1. 传统的电视频道机构组成和人员分工是怎样的？结合第一章的内容，你认为在融媒体环境下，这样的机构设置及分工有着什么样的调整空间？

2. 请观摩任意四个不同的省级卫视比较有代表性的电视栏目，并认真观看其片尾字幕，详细分析一下这四个不同省份的电视台在机构和人员设置上有什么异同？（建议观摩湖南卫视、浙江卫视、青海卫视、西藏卫视）

第二节　电视台总编室及下辖部门的结构和分工

一、频道总编的职责

总编室的主管是总编室主任，是电视台中枢机构的核心，那么，总编室主任这个中心人物肩负着什么样的职责呢？

电视台（频道）总编，我们也称之为总编室主任——必须具有电视台节目编播布局的大局意识，必须具备对电视节目编播整体效果的预估能力。

总编室主要的职能就是负责电视台内各种不同类型、不同风格、不同目标群体的电视节目的编排和播出。这无疑是个相当系统的大工程，看似简单的编排工作，其实需要相当慎重的思考和评估做支撑，如何让一个电视节目在合适的时间，让合适的观众群体看到，这绝不仅仅是个简单的论证可以做到的，这需要大量的市场调研，社群分析甚至是心理分析。可以说，正确的、科学合理的节目编排对于整个电视台的收视率，对于电视节目价值的最大化实现起着决定性的作用。善于协调运用节目、时段、观众资源三个元素，才能真正做到事半功倍，使得电视台经济社会效益最大化！

另外，总编室主任必须相当熟悉电视制作的流程，规律，熟悉我国电视市场的总体情况，也要了解自身所在区域电视市场的具体问题，了解相关的宣传政策，具有较强的组织协调能力和服务意识，更要有与台内其他部门协同合作的精神。

总编室主任必须要具有整个电视台目标观众群体的"图谱意识"，也就是说，在总编室主任的脑海里和意识中，他必须得清楚哪几类群体是该台电视节目的目标观众群，这几类群体的总体社会背景如何，比如他们普遍的受教育程度、经济状况、社会地位、家庭结构、消费能力、生活习性、欣赏习惯等，总编室主任都得了然于心，当然，这不仅仅是一个社会学问题，也是一个经济学问题，也可能是一个心理学问题——在此基础上，总编室主任需要在其意识中建立起一个宏观"图谱"：在什么样的季节，什么样的社会大环境下，编排什么类型的节目，才能符合对应目标观众的时令需求；同时，总编室主任还要建立起一个更详尽的微观"图谱"：什么样内容的节目，安排在什么频道，安排在几点到几点的时段，才能争取到尽量多的观众！

更重要的是，在融媒体大环境之下，总编室主任绝对不能将自身的视野和格局停留在"电视"这样一个单一的平台上，总编室主任应该明了融媒体环境下其所在电视台的固定受众或是潜在受众们与时俱进、瞬息万变的需求心理。总编室主任要将自身角色定位在融媒体内容提供者的角度上。

上述工作内容就是总编室主任工作内容的核心所在，一个电视台，是否能在其目标观众群的心目中建立起品牌形象，树立起品牌价值，在很大程度上，取决于总编室对节目合理的科学的编排和取舍，也取决于总编室将自身所在的电视台置于融媒体大环境下如何定位、如何为融媒体服务。而这仅仅是总编室主任日常职责中的一小部分，总编室主任还要配合宣传主管部门做好电视节目的宣传舆论导向引导工作，把控好宣传舆论导向的正确性，并配合相关部门做好宣传策划工作等。

简而言之，电视台总编室主任的工作职责就是：

1. 负责编委会日常工作以及对全台电视节目的审查，取舍，编排。

2. 组织制定电视台全年节目编播规划。

3. 组织，协调，监督，检查全台电视节目的宣传舆论导向及各个电视栏目组，采编部门等宣传纪律的执行情况等。

4. 全面参与电视台或频道的整体运营策略制定和实施。

5. 将电视台生产的内容以合适的方式与融媒体平台进行对接和融合。

二、总编室的业务板块分工

总编室被划分为几个工作内容板块，分别对应不同的部门，这些部门各司其职，但又互相协作，有机融合，他们的追求不仅仅是完成自身的业务目标，更重要的是要为全台的节目采编制作部门服好务，为自身电视台所处的融媒体平台服好务，最终的诉求就是争取最大化的收视份额，在融媒体平台上获得更大的生存空间！

那么，总编室大概划分为几个业务板块呢？

（一）节目编播组

这个岗位的人员必须对广播电视业务相当了解和熟悉，尤其是对传统电视收视市场以及融媒体环境下的视频内容分发市场的完整认知，该岗位工作人员必须与总编室主任一样，对目标观众群体要有深刻的了解和认识，对电视广告市场也有深刻的认知，了解不同类型，尤其是融媒体平台上的观众群体的不同需求，了解传统广告客户或融媒体广告客户对于其节目的不同需求……

节目编播成员需要对本台各个时段，各个栏目的属性，特色以及各个栏目的时长，广告时段的长度等信息了如指掌，并且还要清楚什么样的时间段节目资源处于饱和或不足的状态，又该如何去处理这样的状态。同时，节目编播人员需要熟悉融媒体平台的基本属性，了解自身所在电视台的节目内容与什么样的融媒体平台更契合，等等，更为重要的是，节目编播并非一项按部就班的单调工作，这项工作其实相当需要创造性，编播组人员必须定期或不定期的研究筹划创新的节目编播方案，以期达到让观众耳目一新的目的。

此外，编播组人员还需要承担一个重大的安全责任——播出节目的送播！在模拟电视时代，节目的播出都是用磁带，那时候的节目送播，就要靠总编室节目编播组的人员将节目播出磁带人工送至电视台的播出机房，这当中有许多人为的不确定因素可能会影响节目的安全播出，因此，编播组人员必须时刻保持安全播出节目的警惕性，并且在业务和政治上都是可靠的。时至今日，电视行业已发展至高清数字化时代，电视节目的播出也实现了数字化，播出介质也从磁带进化到了硬盘，播出节目也由人工送播改进为网络传送，节目送播的现实空间安全性得到了本质的提升，但是，网络安全却又是一个新的难题，尽管相关系统已经相当成熟，但操作人员的误操作空间还是存在的，因此，节目编播组人员，特别是负责播出节目送播的工作人员，必须了解网络安全相关常识和操作，并且需要具备相当强的安全生产意识！

节目编播组还肩负着一项重要任务，那就是最少一周一次的收视率数据分析！收视率数据收集一般由相关的专业化市场调查分析咨询公司进行，数据到手后，节目编播组相关工作人员就需要对其进行整理分析，并需要得出一个初步的分析结论，对一周以来的全台电视节目播出及收视表现做出一个判断，以供决策层参考并做出相关决策！

对收视率数据的分析，并非一项简单重复的数据整理统计工作，这是一项需要结合市场规律，统计学原理，政治经济学常识等理论的实践性极强的综合性分析工作，这需要综合素质综合能力极强的工作人员进行操作，具体方式方法将在本书后文中详述！

最后，节目编播组成员还需要制定播出工作紧急情况处置预案。电视节目的播出是一项高精尖的技术性工作，其技术支撑系统相当复杂精密，任何一个环节出现问题都有可能影响电视节目的正常播出，比如播出节目文件数据崩溃丢失这样比较突发的严重状况，虽然发生的概率微乎其微，但这就是总编室节目编播组人员必须要纳入应急处置方案制订的一个情况，播出部门就可以根据这样的预案第一时间填充播出节目空档，才不至于出现严重的播出事故。

（二）节目审片组

一般来说，电视台的节目实行的是三级审片制，即栏目制片人一审，分管台长二审，台长终审。但这样的审片制度在现实中操作性却很弱，日理万机的台长和副台长不可能对体量庞大的日播节目面面俱到、巨细无遗地进行审看，这是不太现实的！实际操作中，每天播出的节目几乎都是由该栏目组责任编辑进行一审，制片人二审，最后，送至总编室审片组核收。一般来说，总编室审片组对节目的审看都是比较笼统的，他们不会介入节目的具体内容，艺术表现手法的审查，而主要只从播出节目的技术指标，宣传舆论导向两个方面进行把控。因此，总编室节目审片组工作人员必须对电视节目制作的技术指标了然于心，并且熟悉党的舆论宣传政策，相关的法律法规，能从大局的角度把握本台电视节目产品在舆论导向上的正确性。

另外，节目审片组还担负着外购电视节目的审查任务，应该说，这才是总编室审片组工作的核心内容，"制播分离"——也就是融媒体大环境之下电视节目制作生产和播出分离，电视节目生产由体制外企业负责完成，电视台购买并负责审查和播出——这样的运行方式无疑会更加凸显总编室审片组工作人员的重要性。审片组成员在审核外购电视节目时，必须要从以下几个层面来衡量相关电视节目：

首先是电视节目的舆论导向，这是一个核心问题，可对其他层面的衡量指标一票否决。因此，审片组工作人员必须自身具备过硬的政治思想素质，必须能以敏锐的眼光发现任何舆论导向上可能存在的风险。

其次，审片组成员需要具备敏锐的市场嗅觉，对于一个电视节目产品，审看人员必须从选材，表现手法，制作水准等角度判断其是否符合当前收视市场的要求，审片人员需要对这些影视节目产品的市场表现做出尽量正确的预判。这不仅仅是一个需要极高艺术审美水准的岗位，更是一个需要极强市场敏锐度的岗位。

（三）对外推广及活动组

总编室的另一个重要职责就是对电视台的形象进行定位和包装，这关乎电视台的品牌建设、维护和推广。当然，定位，几乎是一个一劳永逸的事情，电视台或是电视频道的定位一旦确定，在战略层面上就基本就不会做出任何变动和调整，但是在战术层面上，各家电视台或电视频道却是使出浑身解数来强化自家的定位，其目的就是定期或不定期的为自己换一件新衣，给观众不断带来新的形象，新的感觉！

（四）节目串编和频道包装组

顾名思义，节目串编组就是将某些需要串联起来进行播出的不同栏目以及栏目间的一些内容（比如公益广告、频道宣传片、商业广告等）打包编辑的团队。这个团队的任务很简单，他们仅仅就是按照节目编播团队制定好的节目播出计划表，将不同的节目内容按照顺序打包串编好就行了。

而频道包装组的任务就复杂多了，这个团队需要相当深厚的创意能力作为基本的支撑。首先，一个电视频道的包装所涉及的领域相当广泛，从屏幕形象，到公众心理感受，再到这个电视频道的公信力的建设，方方面面，巨细无遗；其次，频道包装在形式上和内容上必须进行不间断的创新；再次，电视频道包装是一种以视觉欣赏衍生到心理认同的过程，因此，频道包装团队还要在社会行为学及传播心理学甚至市场营销学这几个领域具备一定的研究和认知。

在融媒体大环境之下，海量的信息充斥着老百姓生活的每一个角落，电视观众即便是仅仅面对电视屏幕，他们每天也会面对几十甚至上百个电视台或者电视频道，数百甚至上千的电视栏目，电视媒体之间存在着非常强烈的市场竞争，观众在这众多的选择面前，既拥有主动选择的权力，同时也相当的无所适从。正如在琳琅满目的海量商品面前，消费者可能会"以貌取物"一样，电视观众在面对无数频道选项时，也可能会根据自己在视觉上的第一感官感受进行选择。因此，一个频道再到一个电视栏目，其包装也就如同一个实物商品一般，成为非常非常重要的一个必备要素。

思考及练习题

传统的电视频道机构组成和人员分工是怎样的？结合第一章的内容，你认为在融媒体环境下，这样的机构设置及分工有着什么样的调整空间？

第三节　电视栏目的组织架构及分工

前文详述了电视频道总编室的组织架构及相关团队的分工，这里我们有必要对与电视台总编室（或者说是电视节目制作机构）业务密切相关的另一块重要领域——电视栏目制作团队——进行一个简单的认识，这里要强调一个前提，电视台的栏目，不仅仅是电视台生产环节的基本单元，同时也是融媒体视频板块的组成部分，本小节的内容均是将电视栏目置于电视台这样一个传统环境下进行阐述，但这与将之置于融媒体大环境之下阐述是等效的。

电视栏目制作团队——也就是电视栏目组——是电视台（或者电视栏目制作机构）最基本的生产单位。如果将电视台比喻成为一个大工厂，那么每一个栏目组就是独立的一个个小车间，他们各自独立的生产着不同的完整的产品，虽然相对独立，但却步伐整齐划一的为一个企业贡献着力量。

作为电视机构的最小生产单位，栏目组又具有怎样的组织架构呢？其组成人员的分工协作机制又是怎么样的呢？

既然是最小的生产单元，那么，从组织架构的角度来说，其人员构成就一定是最精简干练的，在这样一个团队里，一个萝卜一个坑，人人都有具体的对应岗位，每个人的分工都很明确。具体来说，其人员构成是这样的：

制片人——责任编辑（大型栏目组而言）——编导组——技术（摄像或后期制作）组

那么这些岗位上的人员具体分工又是怎样的呢？

电视栏目领导层（制片人或责任编辑）的职责范围

首先是制片人，这个岗位是一个电视栏目组的"最高行政长官"，制片人（Producer）在某种意义上来说，是电影作品或广播电视媒体产品的出资人和管理者！制片人并没有一个固定的工作模式，每一个制片人都有他自己行事或工作的风格。在广播电视媒体中，制片人其实扮演着一个监工和协调者的作用，他要和编导制作人员以及电视节目的主持人亲密协作以便更好地表现节目的风格，强化节目的品牌，从某种意义上来说，制片人是整个电视栏目的风向标和引领者，这是从节目形式上提出的要求。

因此，制片人必须懂得电视栏目本身的营运规律，也就是说，制片人首先应该是电视产品生产领域的行家里手。如果不懂节目的生产运营，就不能更好地把节目做得和所在媒体风格一致，在融媒体的大环境下，也就不能和电视与融媒体受众们的心理活动互动从而优化节目，这是从节目内容的方面来讲。

更重要的是，因为制片人是整个节目制作过程中总的经营管理者（对于独立核算，自负盈亏的电视栏目而言，这一点尤其重要），那么就存在生产营销及内部管理的一系列问题，也就是要做到少花钱，多办事，厉行节俭，把钱花在该花的地方，避免造成浪费，也就是说，制片人的最根本任务就是将成本效益比做到最大化。

当然，经济效益是仅仅是其中一个层面的问题。媒介有宣传的任务，社会效益更是"效益"的重要组成部分，任何一个节目都从不同的角度宣传党和国家的某些政策。策略的表现方式是不一样的，制片人必须要学会用好并且用活。在导向上，制片人是要掌握底线和原则的！

英国传媒专家尼古拉斯·阿伯克龙认为制片人最重要的任务是：判断！

在融媒体环境之下，这个"判断"，包含几个含义：

第一，是对整个传媒市场走向的判断。制片人需要有非常敏锐的市场嗅觉，电视节目制片人的视野和格局，一定不能只局限于"电视"的层面，融媒体才是制片人思维的主战场，融媒体市场需求哪一类的节目内容，其潮流趋势如何，市场对节目内容的表现形态、方式的需求有什么样的变化……这些都是制片人必须时刻关注的焦点。

第二，同是对融媒体市场的行业发展以及宏观或微观政策有必要的预先判断。正如前文所述，制片人是需要掌握自己所负责栏目内容舆论导向的，这是对制片人"讲政治、懂政策"的基本要求，也是制片人最基本的涵养；而就当下政府层面对融媒体行业以及传统电视行业的政策解读，对这个行业的发展趋势进行预判，就政府对这个行业有何引导等，则是制片人思维中最重要的表现。

第三，是对自己团队生产和管理状况的正确评估和判断。制片人是带队伍的人，其所带领的团队，在某个时期究竟处于一个什么样的思想状态、生产积极性如何、每一个团队成员的动向如何、团队成员间的相互关系是怎么样的、团队成员与自己的关系又是怎样的……这些都需要制片人有一个清晰的认识。

第四，是对传媒科技手段、技术进步等层面与时俱进的认识和判断。电视栏目制片人，绝对不能将视野仅限于眼前的平台，当前的传媒科技可谓一日千里，各种新型的传媒手段和技术层出不穷，制片人就必须知道，哪一些前沿的技术和科技，将会在短期内得以实际应用，这些技术手段，又能为自己所负责的电视栏目带来什么变化，自己的栏目团队，又应该如何应对和适应这些变化。

电视栏目的另外一个核心人物就是责任编辑。

责任编辑其实就是最基层的管理人员，或者说是最一线的品质管控人员！当一个电视节目新鲜出炉时，责任编辑便需要担负起节目质量审查第一道防线的重任，在责任编辑这里，节目的任何技术瑕疵，导向问题，结构问题，可视性问题，甚至是主持人的发音、字幕上的错别字等都应该被扼杀掉。也就是说，责任编辑实施的是最基本的节目质量管理工作，其次，责任编辑还担负着另一个角色，那就是制片人的候补！在制片人因故不在岗时，他还要负责审批编导的节目选材及实施方案。总之，制片人主要负责运营领域，责任编辑就负责具体的业务领域。

编导组和技术组就是节目制作业务的具体实施者，在此不做赘述。

思考及练习题

1. 请观摩任意四个不同的省级卫视比较有代表性的电视栏目，并认真观看其片尾字幕，详细分析一下这四个不同省份的电视台在机构和人员设置上有什么异同？（建议观摩湖南卫视、浙江卫视、青海卫视、西藏卫视）

2. 电视主编和平面媒体主编在其职责上有什么样的异同？

3. 请模拟举行一次栏目制片人竞聘会，每个竞聘者用最简短的阐述说明自己为什么能够胜任制片人的岗位。

4. 视频栏目的责任编辑需要具备什么样的基本素质？

5. 请观摩一个国内电视栏目、一个国外电视栏目，并仔细研判其片尾字幕，说明其栏目管理分工有何异同。

融媒体环境下专业化电视频道内容创作的定位

第三章

在融媒体环境下，受众类型的细分程度越来越高，人们的关注兴趣指向性也越来越强，在融媒体时代来临之前，电视频道本身也在往精细的专业化方向发展，而当下，为了契合受众指向性更强的融媒体的生态，电视频道的专业化程度较之以往更进了一步，各个电视台或者电视频道都极力地将自己服务的受众对象以及内容创作的选材领域进行了精细地划分，不管是传统的电视媒体生态圈还是当下的融媒体生态圈，这样做的优势都是能够极大程度的满足受众的个性化需求以及适应媒体产业发展的客观规律。

在本章内容中，我们将对电视台及其频道的形象和内容定位的概念、影响因素、理念、方法等进行梳理，对国内外一些具有代表性和典型性的电视台及频道的专业化定位案例进行解读和分析。

第一节　专业化电视频道选位的影响因素

专业化频道的集群构成传媒组织或媒体集团，在融媒体环境下，这样的集约化组织其实就是一个融媒体平台，传媒组织、媒体集团以及媒体受众的集群又构成传媒产业，传媒产业作为政治、经济、文化领域的一部分，与其他产业有机地组合而形成了大的社会环境。专业化频道作为社会构成中的一个单元，既参与了媒体产业和社会大环境的构建，又受到行业内、外环境的影响和制约。因此，作为频道专业化以及专业化频道经营过程中的重要决策环节，频道定位的选择过程须对频道所处环境进行层层剖析。这个由外环境分析深入到内环境分析，再由内环境分析渗透到本体分析的过程可以形象地概括为穿透选位法。

一、外部因素及案例解析

电视频道专业化定位，在很大程度上会受到外部环境的影响，本节开始，将对电视频道专业化进程中所受到的各种影响因素进行解析，所有的解析都将结合国内外具体的案例来进行。

专题解析：外环境对美国消费者新闻与商业频道和中国中央广播电视总台财经频道定位的影响

同样是极具区域影响力和领导力的专业财经媒体，美国消费者新闻与商业频道（CNBC，以后称CNBC）和央视财经频道（CCTV-2）的定位却大有差别。央视财经频道中国中央广播电视总台的定位为"为国家经济建设服务，为大众经济生活服务，为企业发展服务"。这一定位兼顾国家、百姓和企业利益，倾向于"大经济"范畴，并试图在全国性媒体的"大众"与专业化频道的"小众"之间寻找平衡。

美国CNBC频道的定位是"为投资者服务",针对迅速变换的经济形势,所有节目都是为当今环球市场的商业观众而设的。其节目从周一到周五均为现场直播,全天分为三大板块,实时报道亚洲、欧洲和美国的最新商业动向及市场行情,既有即时的财经新闻报道,也有深入的市场分析及专业人士的评论。CNBC白天13小时的节目中超过12个小时的节目是财经新闻栏目。之所以这样安排,主要是为投资者白天的投资决策服务,因而它的观众群第一是投资者,第二是经济界人士。

二者之所以有这样的不同定位,与其各自所处的社会、经济、文化背景有关。任何产业的发展都与地方、国家以及国际政治、经济环境休戚相关,传媒产业自然也不例外。电视媒体作为媒体行业的重要组成部分,一方面承担着反映社会政治、经济、文化、法律等大环境的重任,另一方面也推动着外环境的发展和变迁。电视媒体与外环境的互依与互动,决定了电视频道在定位之初必须充分考虑外环境因素对自身的影响,也必须承担起大众媒体反映和引导社会舆论的责任。因此,在不同的外环境下,即使内容主题相同的专业化频道,其定位也会有很大差异。央视财经频道与美国CNBC在频道定位上的对比典型地反映了政治、经济、文化等外环境因素对专业化频道定位的影响。

央视财经频道处在一个市场化程度虽快速发展但仍低于世界发达国家和地区的经济环境下,受众对财经资讯的需求日益高涨,但由于经济尚处于发展期,仍需媒体承担起保护投资者和消费者利益、引导正确投资和消费的重要任务。此外,在我国特殊的社会主义经济体制下,宏观调控对市场经济的作用远高于西方资本主义国家。因此央视财经频道的定位将"为国家经济建设服务"放在首位,也体现出了专业化财经频道的中国特色。

刚刚过去的数年间,中国经济一路拉高,中国股市也经历了大喜大悲的牛、熊市转换过程,国民投资热情高涨,投资者急剧增加,甚至达到了全民炒股的程度。加之美国"次贷"危机的爆发,使得"经济危机""金融海啸""股市崩盘""国家财政破产"等字眼在媒体频频曝光,我国受众对财经资讯的需求和关注度达到了前所未有的高度,楼市、股市、黄金市场、物价、汇率、劳动力、经济周期这些经济学话题正逐渐成为人们的日常谈资,受众已不再满足于综合杂糅的"泛经济"资讯,而需要专业、权威的财经信息对其投资行为进行指导。迅速膨胀的经济社会也急需一个权威媒体反映社会经济发展，引导社会经济舆论。因此，央视财经频道的定位由"经济·生活·服务""大众、综合、实用"的综合性质逐步发展到了专业财经频道，实现了由"泛"到"专"，由"杂"到"精"的转换。

美国CNBC频道则处在一个市场化程度极高的发达的经济环境下，发达的经济下的受众投资需求和热情较高。股票、基金、债券、信托等市场的建立和发展给这部分人提供了投资渠道，此时媒体的任务便是为受众提供及时、专业、权威、深度的财经资讯。因此，美国CNBC的频道定位着重于为投资者服务，体现了发达资本主义社会专业财经频道的特色。

从以上专题分析不难看出，专业化频道在选位过程中应做到把脉区域、立足本土。这里所说的区域化和本土化，宏观层面理解，即是在经济全球化、媒体市场逐渐开放的背景下以"中国化"为立足点，对频道的节目编排、文化构成、审美品格、表达方式等进行考量和定位；微观层面理解，即各地区电视频道的区域化。

除央视等拥有完善的频道专业化布局的全国性优势媒体外，大多数地市级别的专业频道由于受到落地限制，覆盖范围有限，不可能以全国受众为主要受众群体，而只能把目光集中在本地受众群。这就决定了大多数专业化频道的竞争最终将走向区域性的竞争。因此，地区性专业频道在进行内容聚焦时，应在不脱离国内、国际整体环境的前提下，以区域文化为依托，将焦点集中在服务本地普通市民衣食住行的日常生活需求上来，走本土化道路，强化地方特色。

以北京电视台为例，生活频道的《健康生活》栏目将宣传口号定为"看健康生活，做健康北京人"，财经频道每晚黄金时间播出以北京本地新闻资讯为主要内容的《首都经济播报》，生活频道的当家节目是以服务北京市民日常生活为主旨的《快乐生活一点通》，九套节目的《这里是北京》更是以介绍北京历史及文化为主题，并选用了很有北京味儿的主持人。

再以上海广播电视台新娱乐频道为例，周日至周五每晚播出被誉为"上海城市生活第一榜"的《淘最上海》栏目，将上海吃、喝、玩、乐等特色内容进行大盘点、大总结、大归类，以排行榜的形式将本地生活资讯全方位介绍给上海的受众。

由此可见，专业化频道的定位只有做到立足本土政治、经济、文化发展现状，把脉区域社会发展动态,反映并引导经济文化的发展方向,以区域和本土的媒体外环境为基点,求"专"研"精",才能在多变的媒体环境和激烈复杂的市场竞争中谋求生存与发展。

二、内部因素及案例解析

狭义与广义视角兼顾

央视凭借着自己一直以来"全国性频道"的定位和优势,以一套综合频道为核心,不断推出专业频道,占据细分市场,巩固和加强自己的地位。城市台则借助自己在本土化上的优势,充分利用自身资源,瓜分重要的省会或周边城市市场的蛋糕。境外频道如凤凰卫视、星空卫视、华娱卫视等,则通过一定范围的落地及节目合作等形式,不断扩大其影响范围和渗透率。数字付费电视时代的到来更是让我国专业化频道市场的竞争趋于白热化。从广义视角来看,来自国际、国内的广播、报纸、杂志、书籍、网络等非同类媒体正瓜分着受众有限的注意力,特别是网络媒体,正以其极强的互动性和鲜活的信息呈现方式逐渐改变着受众的媒体接触习惯。从狭义视角来看,专业频道与专业频道之间的竞争也愈发激烈,一方面,专业化频道的受众相对"小众""分众",这就意味着市场蛋糕缩小了;另一方面,由于我国专业化频道市场的不规范,许多打着专业化频道大旗的伪专业化频道使得市场竞争愈发混乱、愈发激烈。只有兼顾广义与狭义两个角度,深度分析这个"彼",才能知己知彼、百战不殆,在专业化频道大战中走好频道定位这第一步棋。

1. 广义视角:国内国际、同类非同类媒体瓜分受众注意力

以广义的视角来看,专业化频道的市场竞争者涵盖范围非常广泛,不仅包括国内的同类媒体,还包括国内非同类的媒体甚至境外媒体。竞争分析不仅为明确市场定位提供了依据,而且也直接影响了媒体的获利能力。

就我国财经频道而言,国内同类媒体的竞争主要来自央视财经频道、第一财经频道及城市电视台以"经济""财经""商务""资讯"等命名的"泛经济"类频道。

国内非同类媒体的竞争主要包括广播、报纸、杂志、书籍、网络等,如国内比较有影响的三大财经类报纸——《经济观察报》《中国经营报》和《21世纪经济报道》,

这三份报纸根据不同的市场定位，目前已在中国财经类报刊市场上占据了相当大的市场份额。而目前对专业化财经频道构成较大威胁的是新媒体。比如，和讯等专业财经网站不仅在互联网领域站稳了脚跟，更推出了证券分析等应用软件，向更新的媒体领域扩张，在及时性、便携性上下足了功夫。加之受众的媒介接触与信息获取习惯不断向新媒体领域倾斜，使财经类新媒体对专业化财经频道的冲击显得愈加强烈。为了应对这种局面，专业财经频道在选择目标受众时可以避开走在媒介变迁最前端的新兴人群，也可以发挥传统媒体的优势，在资讯的权威性和深度上寻求突破口。

国外财经媒体的竞争主要来自CNBC、彭博（Bloomberg）等专业财经频道。这些专业财经频道依托其强大的集团后盾，确立了其在全球财经领域的霸主地位。2003年1月，美国彭博财经频道获得国家广电总局颁发的落地许可执照，在中国三星级以上涉外宾馆、公寓及政府机关都可以收看到该频道。随着全球经济一体化进程的加快，国外财经媒体进军中国的规模也将继续扩大。为了在激烈的国际竞争中站稳脚跟，我国本土财经频道必须取别人之长，补自己之短，学习国外优秀财经媒体的先进经验，为我所用。同时，也要充分发挥本土资源的优势，扎根中国，放眼世界，抓住中国因素在世界经济中发挥着越来越重要的作用以及汉语在世界各国得到不断推广普及的历史机遇，迅速发展壮大，成为世界主流的财经媒体。

2. 狭义视角：新市场的发掘，旧市场的鏖战

以狭义的视角来分析，专业化频道选位过程中的竞争分析可以分为两种情况：一种是寻找市场"漏洞"，从而发掘出新的细分市场；一种是进入已有市场，与原有市场组成者形成对抗。

第一种竞争分析情况相对直接，根据艾·里斯和杰·特劳特的定位理论，最好的情况便是进入一个全新的市场区隔，如果将产品品类视作一个梯子，发现新的市场区隔就如创立新的品类阶梯，而你则处于梯子的最高一阶。在媒体市场，这个理论同样适用。CNN的选位过程可以很好地解释这种竞争分析情况。CNN的成功，很大程度上得益于其精准且富于求异思维的频道定位，而其频道定位的亮点就在于对老市场中"漏洞"的发掘与把握。面对已被NBC、ABC、CBS三大公司瓜分、专注于国内资讯的新闻媒体市场，CNN的创始人泰德·特纳突破既有电视形态的壁垒，

创立了"全天候新闻"的理念,并将现场直播、全球化的独特品质赋予CNN频道,发展出竞争者难以复制的独特优势,实现了CNN在新闻老市场中的新突围。

第二种竞争分析情况则相对复杂。与综合频道不同,专业化频道只能选择电视市场大蛋糕中的一角。若此区块已经被强劲的竞争对手分食,那么再度将频道定位于此区块便极可能导致未来频道遭遇经营困境。如果此市场原有的竞争者处于竞争弱势,频道选择进入此细分市场,则有可能坐享竞争者已经完成的消费者培育和市场建设等成果,对未来的频道建设和发展都会收到事半功倍的效果。

3. 受众分析:切瞩"远",勿瞻"高"

从早期的"强效果论"到后来的"弱效果论",再到当代的"知识沟理论"和"解码论",通过电视受众研究的视角,我们可以清晰地看到对观众主体性和差异性的日益重视,这无疑催生了电视传播的个性化和对象化,促成了从"传播者本位"到"观众本位"、从"传者中心"向"受者中心"的变化。在"眼球经济"时代,执掌专业化频道生死的便是受众分析全面与否、透彻与否、客观与否、前瞻与否。

4. 传播视角:层层细分的眼球经济时代

受传者是传播的终点,也是传播内容的接收者。但受传者并不是完全被动地接收信息,因为个体之间总是有差异的:年龄、职业、价值观、文化等不同,他就会有选择地接触信息,理解信息,记忆信息。

信息时代,大众传媒的覆盖面一方面变得越来越大,另一方面又变得越来越小。电视观众结构的多元化也正是社会结构分化的产物。因此,社会结构重新分化已经不仅仅是社会学意义上的定义,也成为现代传播学中受众分化的理论依据之一,并越来越引起人们的重视。

值得注意的是,媒体的发展与信息化环境的形成,也在很大程度上加剧了观众群落的分化。在20世纪后期,群体化的传播工具变得越来越强大。而今天,这种现象正在发生惊人的变化,群体化传播工具不但没有扩大,反而突然被迫削弱了,这种群体化的传播工具,在很多战线上,正在被非群体化的传播工具所击退。如果对这个浪潮席卷报纸、杂志、广播和电视的情况进行分析,可以得出一个结论,那就是:所有一切不同的变化和发展,有一个共同的特点——它们把电视观众分散成为很多小部分,每分散一次都会增加文化的多样性,同时又大大削弱了至今仍非常强大的新闻广播宣传网。

非群体化传播既是对信息社会中传播模式的概括,也是传播观念上的一个突破,它要求传播者不再把受众作为一个无分别的整体来对待,而要针对受众的不同群落和不同需求层面,分别实施特定的传播策略。大众传播的接受者力求掌握个人控制权的趋势将继续增强,而集中的形式将会改变。受众的分化已经势不可挡,社会宏观环境的影响、传播技术的支撑以及受众主体地位的提升等,都使分化成为现实,传播者唯有积极应对,别无他路。

因此,频道专业化是世界电视媒体发展的总趋势。随着受众收视个性化、多元化需求的出现,我国电视台出现了针对受众需求的种种专业化电视频道,如经济频道、体育频道、法制频道、少儿频道等,这种变化,使受众定位从原来的"广众"转向"窄众",频道定位更有针对性,内容定位更具专业性,从而满足了特定受众的特定需求。

5. 中国受众的中国特色:忌曲高和寡,需远见卓识

中国的受众市场正如中国的股票市场,起步晚但发展飞速,发展飞速但又无迹可寻。

改革开放以前,我国基本上是"两个阶级一个阶层"(工人阶级、农民阶级和知识分子阶层)的社会结构,而如今的研究表明,当代中国社会阶层结构的基本形态主要由十个阶层构成,即国家与社会管理者阶层、经理人员阶层、私营企业主阶层、专业技术人员阶层、办事人员阶层、个体工商户阶层、商业服务业员工阶层、产业工人阶层、农业劳动者阶层和城乡无业失业半失业阶层。从传播学角度看,社会阶层结构的分化,事实上也就是观众群体的分化。

我国受众的分化还体现在知识、收入、地域等层面上。由于各个领域的全球一体化不断推进,我国受众对文化、生活方式以及新的媒体技术的包容与接受度不断提升,这无形中加速了受众的不断细分。但这种细分是不平均、不协调且不规律的。一些受众在收入层面处于金字塔的上端,但在文化细分中却处于基础层级;一些受众对新技术的好奇心很强,致使其媒介接触习惯极不稳定;区域文化和经济发展的不平衡又直接导致了我国受众细分的失衡。

关于我国专业化频道的受众市场是否成熟这个议题,目前还有很多争论。因此,

我国专业化频道在考量与选择目标受众时不能脱离我国实情，盲目照搬国外专业化频道建设的成功经验，以免频道经营最终走向"曲高和寡"的窘境。

此外，由于专业化频道定位需经历选位、定位、到位、调整、优化定位等漫长的过程，但新的媒体技术以及全球文化的不断冲击却使得受众变迁愈发迅速，这就要求专业化频道以前瞻性的眼光进行受众分析，以免频道定位尚未落实，目标受众却已逐渐移出了该细分区隔。

三、本体因素及案例解析

（一）频道固有定位

频道定位的每一次调整都有一定风险。一方面，由于节目编排上的变化可能导致丢失一批忠诚受众；另一方面，新的频道定位需要经历一个过程才能被受众熟知和接受。1898年美国广告学家E. S. 刘易斯（E. S. Lewis）提出了AIDMA法则，即：A（Attention）引起注意；I（Interest）产生兴趣；D（Desire）培养欲望；M（Memory）形成记忆；A（Action）促成行动。这一法则在专业化频道定位的传播中同样适用。一个新的频道定位也需要经过"引起注意—生兴趣—培养需求—形成记忆—形成收看习惯"的漫长过程。在这个过程中，频道的固有定位会在一定程度上对频道新定位的受众认知造成影响。这一影响既可能是积极的，也可能是消极的。

央视二套（即央视财经频道）节目自1973年开播以来，经历了四次频道定位调整。1996年央视二套节目正式以经济为自身特色来建设频道。经济节目的时效性、准确性、权威性和针对性都有所提高，经济节目的信息服务功能得到挖掘，同时开始尝试走经济娱乐化道路。2000年央视二套节目进行第二次定位调整，确立了"经济·生活·服务"的呼号，更加大众化、多样化，栏目的服务性和娱乐性增强，为观众构建了全方位、便利的经济生活服务信息网络，初步具备了专业化经济频道的品牌形象。2003年央视二套第三次对频道定位进行了调整，以"大众、综合、实用"作为频道定位的核心理念，遵循"为百姓大众，为中国经济"的宗旨，提出了"大经济"的概念，形成了泛财经化和大众生活化风格。2009年8月24日，央视第二套节目的呼号调整为"财经频道"，定位为"为国家经济建设服务，为大众经济生活服务，为企业发展服务"，致力于为观众提供最权威的政策解读、最新鲜的市场资讯、最有价值的分析和观点，成为广大投资者投资决策的重要依据。财经频道以覆盖全球的采编网络、强大的编辑能力，实现了与全球市场的同步，与全球经济运行的同步，成为人们观察和解读世界财经问题的重要窗口。

央视财经频道推出之前的固有定位一直是综合的，这使其专业性在一定程度上受到了影响，且在此过程中，频道的受众群会发生一定转移，其"专业财经频道"的新定位需经历一定的过程才能变得鲜明突出，而频道要想切实抓到目标受众的注意力，也需要时间的累积和大力的频道传播推广来配合。

（二）自身资源与实力：把握优势，规避短板

频道自身资源与实力是决定频道市场竞争地位的重要因素，也是频道在定位和制定发展规划时的重要砝码或制约因素。频道自身资源与实力的分析，是明确媒体能够做什么的重要依据，分析的因素不仅包括组织体系、管理机制、业务结构、财务管理，而且还包括媒体的产品生产和服务能力、人力资源等。频道只有通过对组织资源和能力的分析，找准自身不可复制的独特优势，认清自身弱点，才能够明确自身的定位，创造价值。

1. 央视：独特优势的充分发挥

央视在信息发布途径方面拥有政策上和地理上的优势。财经信息的发布单位、财政部门、各大部委、中央企业等信息发布点大多集中在北京，央视有"地利"优势，新闻的时效性决定了谁发布得越早，谁赢得的关注就越多。同时，央视品牌的官方权威，确保了信息来源系统的准确性甚至是唯一性。此外，央视拥有布局成熟的全球信息采集网点，其在上海、深圳、香港、东京、新加坡、纽约、伦敦、法兰克福等主要资本市场都建立了财经频道的标准直播点，这对财经节目中经常使用的全球多点连线是十分重要的。央视对专业财经人才、财经评论员、市场分析师、理财顾问师等各类专家等也都有很强的号召力和影响力。

经过刚刚结束的一轮频道大调整，央视新闻频道、财经频道、纪录片频道的定位都充分发挥了其不可复制的独特优势。

2. 旅游卫视：资金掌舵

我国第一个专业化经营的频道——旅游卫视的成功，很大程度上有赖于其资金上

的优势。最初，海南卫视经历省级卫视上星后，更名为旅游卫视，其后获得两家民营企业的注资，但由于运作层面的失误，旅游卫视的经营陷入困局。2001年和2002年，电视台的年总收入均在4000万元左右，比2000年的广告经营额少1000多万元。这期间，由于人员动荡不安，旅游卫视的节目水平大幅度下滑。

2004年1月，保利华亿正式接手旅游卫视后，进行了大规模改版，对其重新定位，统一了广告经营权。其中重大的特色就是拒绝连续剧，摒弃了其他卫视在黄金时段播出连续剧的普遍做法，突出频道的风格，强化了专业频道的形象。"身未动，心已远""行走文化""2004优化生活特别贡献奖""7+2北极点探险""中国风景影像记录工程""独揽2004年度最佳电视包装五项大奖""综艺2006值得关注的七家卫视"……所有这些表述都使旅游卫视成为全新的焦点。由此可见，自身的资金支持对于专业化频道运营是具有重大影响的。

3. 传媒组织与专业化频道定位：总与分"双向"协调

频道与其所属的电视台或传媒集团之间的关系是双向的。电视台或传媒集团之于电视频道，是其强大的资金和组织后盾，传媒组织的组织架构、人才资源、资金和制作能力直接影响着频道在市场竞争中的实力和地位；而电视频道之于电视台或传媒集团，则是其媒体布局中的重要构件。因此，频道的定位须与整个电视台或传媒集团的定位和发展预期相协调。目前，我国专业化频道建设较为成功的央视财经频道和第一财经频道均是与传媒组织间"双向"关系协调的最佳案例。

（1）第一财经频道：全媒体优势资源后盾第一财经频道的前身是上海电视台财经频道，依托上海的经济中心地位，以"专业人才、专业素质、专业频道"为理念，其部分节目通过上海卫视覆盖全国及日本等地区，在全国电视界和广大观众中具有广泛影响。其专业的人力资源直接过渡到第一财经频道，为第一财经频道提供了可靠的内部保证。

第一财经频道所属的上海东方传媒集团采用跨地域的"中心制"组织架构和以董事会为中心的决策机制，实行经营管理与采编实务分离的完全公司化运作模式，这无疑是中国传媒体制改革过程中具有颠覆性意义的举措。这样的中心制架构赋予了第一财经频道更多的灵活性。

第一财经频道所属的第一财经传媒有限公司，是上海东方传媒集团旗下的全资子公司，于2003年8月成立。它整合了上海文广新闻传媒集团（SMG）旗下原上海电视台财经频道和原上海东方电台财经频率的经营性资产，实现了广播与电视在人力资源、信息资源和品牌资源上的共享。而上海文广新闻传媒集团是全球实力最强的华语传媒娱乐集团之一，隶属于上海文化广播影视集团，是一家集广播、电视、报刊、网络等于一体的多媒体集团。旗下的广播电视媒体包括12套模拟电视频道、多套模拟广播频率、114套数字广播电视节目以及覆盖全国的"东方宽频"网络电视，2004年开通了"东方龙"手机电视业务。2004年8月，集团成为继央视之后第二家获得经营许可证的数字付费频道集成运营机构。集团还经营报纸、杂志和新闻网站以及音像出版等。强大的后备资源优势，为第一财经频道的可持续发展提供了可靠保证。2. 中央广播电视总台：渐成体系的专业化频道布局在2009年开始的大规模调整过程中，中央广播电视总台取消了"中心制"，实行"频道制"，其内部的组织架构发生了根本性变革：除新闻中心外，文艺中心、海外中心、广经中心等全部改为频道化，"中心—部门—科组—栏目"的四级体制简化为"频道—栏目"的二级体制。相对于"中心制"而言，中央广播电视总台的"频道制"架构极大地提升了扁平化管理水平和媒体制作效率。

　　就电视频道与电视台或传媒集团的关系而言，电视台"一台多套节目"的宣传格局，使频道成为电视节目的宣传载体，从而确定了频道在电视宣传总体节目结构中的重要位置。这样，频道便成了保障一个电视台办台思想的贯彻落实和栏目、节目设置之间的连接纽带和杠杆，因而频道定位就成为获得电视宣传整体效应的关键部位，即抓住中间、保障两头的中心部位，因而也就成为电视节目总体布局和安排的核心部位。中央广播电视总台摒弃中心制，改行频道制，为专业化频道的构建和发展奠定了良好的组织架构基础。专业化频道要求传播内容与传播受众的专与精，这是庞大的电视台在中心制下无法实现的。改行频道制后，以频道为单位进行市场调研、受众研究，分别进行定位，并有针对性地进行频道策划、品牌传播等，极大地提高了传播以及频道经营的效率。

思考及练习题

　　1. 观摩各个省份的卫视，并阐述各个卫视在定位选择上有什么样的异同。

2. 观摩中央广播电视总台各个频道,并阐述这些频道在定位选择上有何异同。

3. 观摩凤凰卫视各个频道,并阐述这些频道在定位选择上有什么样的异同。

第二节　专业化频道内容创作如何定位

经过详尽的市场调研、受众分析等选位过程后,频道应确立一套系统的定位方案,以作为未来节目编制、频道包装、品牌建设等频道运作工作的指引。完整的专业化定位方案应包含明确的内容主题、目标受众以及便于传播推广的频道口号,应能够体现频道本身不可复制的独特优势与频道气质。综观CNN、央视财经频道、旅游卫视等国际、国内成功的专业化频道,它们都拥有完善且独具特色的频道定位作为支撑。

一、频道内容创作定位的要点及案例解析

(一)CNN:老市场中的新突围

内容主题: 新闻

目标受众: 精英受众,包括政治家、企业家和中产阶级

频道口号: 新闻至上,美国的良心

独特优势: 全天候24小时不间断,现场直播,全球化视野

频道气质: 公正,精确,负责任

面对已被NBC、ABC、CBS三大公司瓜分的美国媒体市场,CNN独特、明确而富有创新求异思维的频道定位最终成为世界上最成功的专业频道之一的重要基础。

NBC、ABC、CBS数十年来一直是着眼于国内市场,吸引了广大的媒体受众,以综合节目取胜,而国际新闻节目的制作播报不是其业务焦点。CNN的创始人泰德·特纳在别人看来几乎不可能有任何利润空间的情况下突破了既有电视体制的壁垒,让CNN面向全球,全天24小时不间断播出有线新闻,并直接瞄准政治家、企业家和中产阶级等精英受众,包括高收入人群、商人、高层管理者、决策者、意见领袖、33~35

岁男性，等等。这种发掘市场"漏洞"和面对"无"的开放性探索尝试拓展了媒体专业化经营的维度，开发出竞争者难以复制的独特优势，并实现了CNN在新闻老市场中的新突围。

CNN的独特定位形成了三个频道核心理念：第一，它会24小时不间断地播报新闻；第二，它的目标是全球性的——CNN会从世界任何一个角落向全球播报新闻；第三，它的新闻报道是现场的——CNN会在新闻事件发生时而不是发生后播报新闻。这三个核心理念构建了CNN作为专业频道的独特优势。阿尔及利亚社会学家兼记者蒙尼·贝拉赫称"CNN帝国"有两块基石："一块是重要新闻，一块是国际报道"。

（二）央视财经频道：国家队的优势与责任

内容主题：财经资讯

目标受众：高学历、高收入、高影响力的人群

频道定位：为国家经济建设服务，为大众经济生活服务，为企业发展服务

独特优势：国家队优势

频道气质：权威，专业

2009年8月24日，央视第二套节目改呼号为"财经频道"，为大众提供专业的财经资讯，其内容主题由"泛财经"聚焦为专业财经资讯。

在目标受众的选择上，央视第二套节目更名为"财经频道"后，一直强调"不盲目追求'高端'，不片面为少数专业投资人服务，而是面向广泛的大众，采用通俗易懂的形式提供专业的财经服务"。但其开播以来的收视率数据表明，其在经济发达地区成长性相当好，尤其是高学历、高收入、高影响力的收视人群有大幅增加。财经频道在全国电视财经节目市场中的份额由创办前的56.49%逐步提升，2009年年底达到70.03%，2010年上半年达到71.05%，2010年下半年达到74.83%，2011年全年提升至79.7%，2012年第一季度更是增长至85%。

央视财经频道推出后，目标受众明显趋于"三高"——高学历、高收入、高影响力，但频道的定位仍强调为大众服务。央视财经频道总监郭振玺表示："中国有13亿人口，再小的节目也会有几百万受众，可以说，任何一个小众节目都是大众的。不过，再专业的媒体都希望把受众面扩大，都会存在专业化和大众化相融合的问题。专业内容也有平实化表达、大众化表达的问题。如果仅仅是简单的数据、术语堆砌，就

成学术论文了。电视的表达手段天生就是大众的,央视财经频道改进内容的切入角度和解读方式,实现了财经题材的民生化,用民生关联度提高贴近性,用财经视角体现专业性。这样,高端、专业题材都从百姓感兴趣、便于理解的角度切入,大大提升了报道的传播效果。另外,频道充分利用在线包装手段,用丰富的图表、数据展现经济生活,增强互动,改进语态,提升了节目的可视性。"

央视财经频道的宗旨是,建立一个权威的媒体来传播主流的商业价值观,共同推动中国商业社会的建立。其定位口号可概括为:"为国家经济建设服务、为大众经济生活服务,为企业发展服务。"这一定位凸显了央视特有的国家台优势,将"为国家经济建设服务"放在第一位,强调财经政策的发布与解读;其次才是"为大众经济生活服务,为企业发展服务"。

央视财经频道的独特优势集中体现为其获得及发布信息方面的政策优势。央视对于国家的财政信息、各大部委的重要决策均有获得和发布上的优势,央视财经频道与国务院有关部委合作,在重大经济政策权威发布和重大经济事件现场报道中,邀请政府官员、专家学者第一时间进行权威解读,使政府经济政策和重要经济信息的发布机制得以优化,使舆论引导更及时、更深入、更有力。以与农业部的合作为例,央视财经频道会通过农业部发布的农产品批发市场价格指数、批发市场鲜活农产品交易情况、主要农产品国际价格等重要市场信息,安排市场分析师对重要政策和市场数据进行解读。同时,央视财经频道还打造了"中国政策论坛"等围绕国家政治经济政策的主题报道。权威的信息来源使央视发布的资讯具有其他媒体无法匹敌的准确性、权威性甚至唯一性。

(三)旅游卫视:口号的力量

内容主题:旅游,生活,时尚

目标受众:18-45岁社会生活中最活跃的群体

频道口号:身未动,心已远

独特优势:地缘文化

频道气质:快乐,时尚,行走,体验

2004年保利华亿接手旅游卫视,随之进行了大规模的频道改版,采用"旅游资讯立台,时尚娱乐并重"的频道架构,提出"大旅游"的概念,吃、住、行、游、购、

娱，涉及旅游的方方面面，又不拘泥于旅游。此次改版最出彩之处莫过于新的频道口号。

考虑到很多收视观众并不一定处于旅游状态，旅游卫视提出了"身未动，心已远"的频道口号，并首次采用女声念白，意境深远，激发受众潜在的旅游渴望与萌动。这句口号将频道的传播理念完美地表达了出来，既契合了海南本土作为旅游大省的优势，同时又给人以温情感。旅游卫视深谙受众心理，在这样一个高速发展的时代，每天面对各种压力的人们有太多的束缚，很多想法也由于各种各样的原因而不能付诸实践。这句口号正好给了人们一个心灵的慰藉，鼓励人们纵使身不能"动"，心也要自由翱翔。纵观国内其他专业频道的口号，很难找出像这样将频道口号意境化的例子。

旅游卫视在口号的宣传上采取了轰炸式滚动播出，率先提出频道主题歌的概念，邀请当红明星周迅演唱频道主题歌《身未动，心已远》。频道主题歌还根据季节不同而变换。此外，旅游卫视还别出心裁地请来了喜爱极地探险旅游的万科集团董事长王石担任频道代言人，并为频道拍摄了"行走改变命运"这一理念的频道形象宣传片，大大强化了频道形象。

同时，旅游卫视还以频道理念为中心将此口号进行发散，将其融入各个节目之中。以2009年的《你有梦想我有行动》为例，节目将受众对生活的憧憬抽象为"梦想"，无论是商业人士还是政界领袖，又或是平民百姓，每个人心里都有梦想。节目里，来自各行各业的人操着口音各异的方言幸福地述说自己或大或小的梦想，感动了无数观众，也将旅游卫视的频道理念深深地植入了受众心中。旅游卫视为千千万万的普通人提供了说出自己梦想的机会，这是一种真正的人文关怀，远比节目层次很难把握的选秀节目更有意义。

二、省级卫视特色化打造的定位思路及案例解析

我国的专业化频道市场尚处于摸索阶段，虽然央视这样的国家级大台以及上海广播电视台、北京电视台等相对发达地区的电视媒体正在初步完成专业化布局，进入频道品牌化的更高阶段，但众多省级卫视以及城市电视台仍挣扎于同质化等问题的困扰中。从电视节目的抄袭，到电视剧的轮番轰炸，再到差异化定位，各卫视纷纷聘请业内专家、学者、客户开研讨会、推介会、恳谈会，为自己进行个性化定位。但毕竟省

级卫视有30多个，且都是"综合频道"出身，变身为专业化频道还需要一个过程。所以目前的省级卫视大多还处于综合频道到频道特色化的过渡阶段，这个过渡阶段的特点也体现在其频道定位之中。下面我们就来看看湖南卫视的娱乐定位。

内容主题： 娱乐

目标受众： 大众

频道口号： 快乐中国

独特优势： 独家资源，娱乐节目自制能力

频道气质： 年轻，活力

自1995年、1999年省级卫视全部上星之后，省级卫视走的路多是综合频道之路，以传递省政府和主管部门的声音。但随着媒介市场的竞争以及受众的逐渐细分，省级卫视纷纷走上了主题化的道路，湖南卫视是先行者之一，以快乐定位，其后东方卫视将频道定位为大都市频道。到2004年，出现了省级卫视主题化、特色化的拐点，每个省都开始打造自己的独特定位。

2002年，湖南卫视确定频道定位为"以娱乐、资讯为主的综合频道"。2003年年初，湖南卫视又提出了"锁定娱乐，兼顾资讯；锁定年轻，兼顾其他；锁定全国，兼顾湖南"的品牌定位策略。2004年6月，湖南卫视正式提出"打造中国最具活力的电视娱乐品牌"，秉持"快乐中国"的核心理念作为自己的全新定位，最终形成了湖南卫视的整体频道品牌——最具活力的中国电视娱乐频道。

湖南卫视的核心竞争力不是娱乐节目而是娱乐节目的制作能力，这是其他电视台所无法复制的。湖南电视台台长欧阳常林认为，湖南卫视打造娱乐品牌的核心竞争力离不开自办栏目的原创性、娱乐资源的独特性、吸引观众的大众性和频道创新的持续性。具体来说，湖南卫视的优势是一大批娱乐节目、原创栏目、著名主持人和金鹰节等，这些优势资源都是品牌的核心竞争力，是继续做强品牌的一个核心基础。因此，必须不断培养和开发频道的原创性自办栏目和独特资源。

面对我国尚未成熟的受众市场以及频道经营的重重压力，省级卫视选择特色化道路而非盲目推行专业化是明智且务实的选择。放眼中国的电视版图，几乎所有的省级卫视都有自己的定位，比如云南卫视的"浪漫人文地理频道"、甘肃卫视"以新闻为主的综合频道"、天津卫视"钻石品质、浪漫生活"、江苏卫视"中国情感特色频道"、

安徽卫视"电视剧卖场"、湖北卫视"公益频道"等。许多卫视在特色化的过程中反而出现了严重的同质化。唯有在定位之初进行完善的市场调研和详尽的受众分析，并充分发挥频道自身的优势，才能推动我国电视行业的良性竞争与发展。

思考及练习题

1. 如果将服务范围划定在你所在学校的区域，那么你的班级"频道"应该怎样定位才能满足这个区域人群的需求？

2. 请认真分析央视财经频道的定位特点，思考并阐述这个频道的内容满足了哪些人群的什么样的需求？

第三节　专业化频道内容创作定位思路的实现

到位阶段即频道定位的落实阶段，它要求通过频道包装、节目设置、活动策划、频道定位的传播与推广等实施专业化频道的定位。缺少了到位阶段，专业化频道的定位只能流于纸面。而到位与频道定位的偏离或脱节则导致了目前我国大部分专业化频道及特色化频道在频道经营过程中的一个致命问题：频道定位的名实不符。

因此，对到位阶段的把握直接影响着专业化频道的长期经营与远期发展。以下将以央视财经频道为例，详尽分析专业化频道的到位过程。

一、频道包装

频道的包装包括台标、宣传片、形象设计等一系列为频道特色服务的手段和方式。央视财经频道的主色调为"财富金"，新台标可以看作是由两个箭头构成的大写"二"，代表央视二套；双箭头是合作、共赢概念的表达，上升的趋势既隐含指数折线上扬的喻义，也预示频道前景远大；金色地球代表综合性、全球化的财经信息服务，增加"财经"字样，体现出央视财经频道的权威性。

二、节目设置

频道定位的重要落脚点是节目编排，节目的编排要与专业化频道的定位协调一致，依靠栏目的特色来强化频道的定位，吸引观众，同样也要依靠频道的观众收视流来提升栏目的收视率。因此，节目编排与专业化频道的到位过程是相辅相成的。

央视财经频道的主线由早间栏目《第一时间》、与资本市场同步的《交易时间》、午间栏目《环球财经连线》和晚间龙头栏目《经济信息联播》《经济半小时》共同构筑；服务板块的《生财有道》《消费主张》，一起为观众提供无微不至的生活服务；财经板块的《今日观察》（2012年6月更名为《央视财经评论》），主打财经评论，力推频道财经评论员；财经专题节目品牌节目《对话》《中国财经报道》《交易时间》实时同步连接市场，同步传递财经、证券讯息；财经服务节目《交换空间》《一槌定音》《购时尚》等共同营造都市观众的周末快乐时光。

表3-1　2012年4月9日（周一）央视财经频道主要时段节目

节目	播出时段	
早间精编节目	06：00	第一时间：资讯唤醒每一天（直播）
	07：00	交易时间（权威解读财经资讯，直播）
	09：00	环球财经连线（直播）
	11：50	经济与法：一切皆有规则（重播）
	12：30	交易时间（权威解读财经资讯，直播）
	13：00	经济半小时（重播）
	15：05	经济与法（重播）
	15：40	消费主张（重播）
	16：14	中国财经报道（重播）
	16：53	市场分析室（直播）
	18：00	生财有道（首播）
	18：43	消费主张：享受优质产品和服务（首播）
	19：18	经济与法：一切皆有规则（首播）
	20：00	经济信息联播（首播，直播）
	20：30	经济半小时（首播）
	21：20	央视财经评论
	21：55	环球财经连线（晚间版）（含CNBC、路透节目，直播）
	22：30	经济信息联播（重播）

央视财经频道的节目设置则呈现出"财经资讯+财经专题+财经服务"的特点。在

周末的节目中，央视财经频道加大了财经服务等轻松财经类节目的比重，由此不难看出央视财经频道在权衡"大众"与"小众"上的努力。

三、活动策划

在活动策划层面，央视财经频道充分发挥了"国家队"的优势。

（一）中国经济年度人物评选

"中国经济年度人物评选"被誉为中国经济界的"奥斯卡"，是经济界最具专业品质、最有影响力的一项评选，是中国认知度最高、最受社会各界推崇的一个品牌。该评选活动由央视财经频道举办，联合经济界专家学者、企业家、媒体等组成权威评审团，以人物为线索和载体，梳理每一年度中国经济发展的脉络与走向，具有中国经济风向标的作用。

"中国经济年度人物评选"已举办12届，先后有柳传志、马云等100多位对中国经济发展作出过特殊贡献的杰出人士获此殊荣，在国内外具有广泛的社会影响。2011年的"中国经济年度人物评选"以"增长的品质"为主题，以"推动力、影响力、创新和责任"为标准，充分体现出转变经济发展方式、自主创新、文化大发展大繁荣、中国经济走出去等概念，引领着中国经济未来的发展方向。文化部、新闻出版总署、商务部、科技部、银监会等部委领导出席了颁奖典礼，德国前总理格施罗德、欧盟前主席、意大利前总理普罗迪出席了论坛系列活动。

2010年以来，为进一步扩大"中国经济年度人物评选"活动的影响力，评选活动由单一的颁奖晚会提升为系列活动。2011年，央视财经频道在香港、伦敦、新加坡、杭州、上海、深圳等地举办了30多场"全球财经论坛"活动，以"寻找全球变革中的可持续动力"为主题，推广"中国经济年度人物评选"活动，提升了该活动的国际影响力。

（二）县域经济发展高层论坛

县域是宏观与微观的结合部、城市与农村的结合点，是统筹城乡发展的重要平台，县域经济是我国区域经济中最基本的组成要素，是最接地气的部分，是最具活力、最有潜力的经济单元。长期以来，县域经济一直是央视财经频道关注的重点。为了更好地服务"三农"和县域经济，2010年，财经频道启动成立了县域经济服务平台，目前已经与全国200多个县（市）和650多个专业市场建立起紧密合作关系，每天采集当地经济发展中鲜活的财经资讯、市场行情、财经数据等专业财经信息，在财经频道《县域经济报道》《农产品供销站》及各档专业节目中常态化播出，从而建立起了长效机制，实现了中央媒体报道基层、深入基层和服务基层的有机结合。

2010年12月19日，财经频道在人民大会堂主办了"首届中国县域经济发展高层论坛"，中共中央政治局委员、国务院副总理回良玉给论坛发来贺信，高度肯定活动的意义，并寄予厚望。农业部、中国人民银行、银监会和国务院发展研究中心等国家部委负责同志、权威专家，以及100余位县（市）书记、县（市）长汇聚一堂，共同探讨县域经济的科学发展经验。

2012年1月9日，财经频道在人民大会堂成功举办了"第二届中国县域经济发展高层论坛"，一场主旨论坛和三场专题论坛分别围绕"如何增强县域经济发展活力""如何打开招商引资新局面""城镇化，如何走可持续发展之路"等内容进行了深入探讨，引起广泛社会反响。

（三）经济生活大调查

"经济生活大调查"由央视财经频道、国家统计局和中国邮政集团三方强强联手缔造而成，至今已连续举办6届。"经济生活大调查"以"感知中国心我的经济主张"为主题，由著名专家、机构针对国内经济和百姓生活状况，编制调研问卷，由中国邮政集团统一在全国各地派发。

调查问卷印制在特殊的明信片上，通过中国邮政网络，面向全国31个省、直辖市和自治区的104个城市和300个县发放，调查10万个中国家庭的经济主张，每年问卷的实际回收率都在80%以上。调查内容包括全年经济印象、百姓收入支出、投资理财、市场热点、民生焦点、百姓幸福感等，国家统计局提供数据分析，最终形成媒体视角的《CCTV经济生活大调查报告》，感知并传递中国百姓的真实心声，为政策制定和商业决策提供科学依据。

（四）中国上市公司峰会

中国上市公司峰会由央视财经频道主办，以弘扬价值投资为宗旨，树立优秀上市公司标尺，搭建上市公司与投资者之间的沟通桥梁，着力打造A股价值投资新坐标，是中国资本市场迄今为止规格最高、规模最大的上市公司主题活动。

2011年8月央视财经频道成功举办了"2011CCTV中国上市公司峰会"。在这次峰会上，央视财经50指数正式启动。央视财经50指数样本公司由央视财经频道联合北京大学、复旦大学、中国人民大学、南开大学、中央财经大学五大院校，以及中国注册会计师协会、大公国际资信评估有限公司等专业机构共同遴选而出，以"成长、创新、回报、治理、责任"五大维度作为衡量指标，是中国2200家上市公司中脱颖而出的佼佼者。

四、频道定位的传播与推广

正如一般商品的品牌定位一样，电视频道作为媒体产品，其品牌定位也要进行传播推广，从而使频道理念、频道视听产品等到达频道目标受众，形成一定的观众流，最终为频道品牌的建立和推广助力。

央视财经频道在推出前后均大规模地对自己的频道定位进行宣传推广，除频道宣传短片外，还采用了频道负责人专访等形式。

央视财经频道新的频道形象宣传片也传递出频道和目标受众的定位。这一组四支宣传片分别选择了四个不同的场景：证券交易大厅、汽车生产车间、大型超市、普通家庭。在证券交易大厅主题的宣传片中，交易显示大屏的若干数据飞出来组合成频道新的标识形状，最后叠化为财经频道的标识和财经频道的口号——"价值无处不在"；在透视感极强的汽车生产流水线车间，不同的部件从画面中飞出来，组合成财经频道新的标识；在大型超市主题的宣传片中，货架上的若干商品飞出来组合成频道的新标识；而在普通家庭主题的宣传片中，则是前景中的一个储钱罐里飞出若干金币组合成频道的新标识。

这四个场景分别代表了大经济涵盖的四个元素符号：资本（证券交易）、产品（生产车间）、商品（超市）、货币（储钱罐）；同时，这四个典型的与财经活动相关的画面也代表了主要的财经活动领域：资本市场（证券交易）、产业经济（生产车间）、商品流通（超市）、民生生活（储钱罐）。而在这些场景和领域中活动的人及与之利益相关的群体，则构成了财经频道的主要受众，既包括狭义经济对应的小众（投资者），也包括广义经济对应的分众（生产者、经营者），还包括大经济对应的大众（消费者）。

频道定位的传播与推广是将频道定位由理论落实于实践的重要途径，频道定位若未能被受众知晓，则只能沦为空谈。对于专业化频道而言，恰当的定位传播可以形成稳定的观众流，从而为专业化频道未来的发展提供稳定的受众基础，并最终为频道乃至整个电视台和传媒集团的品牌构建助力。

思考及练习题

1. 你认为在你所了解的电视频道中，哪些是定位既清晰，落地也到位的？哪些是定位模糊且落地也不到位的？哪些又是定位清晰但落地不到位的？

2. 仔细中央广播电视总台电影频道，请阐述其采取了哪些手段和措施将其定位进行落地？

第四节 定位的评估、调适及优化

一、频道定位的动态调节

外环境、内环境以及频道自身情况的不断变化，决定了专业化频道的定位是一个动态的过程。社会政治、经济大环境的变迁以及新媒体技术的飞速推进不断向媒体提出新的要求和挑战，而受众的需求、媒体接触习惯以及信息获取习惯又不断随着政治、经济大环境以及媒体技术的革新而嬗变，加上竞争对手及频道自身的资源和实力的变化，导致市场竞争态势不断更迭。因此，专业化频道所属传媒组织的战略规划也要随着环境的变化而不断调整。这些选位因素的变化要求专业化频道及时对频道定位的落实情况以及调整需求进行分析评估，并根据市场需求对频道定位进行调适优化。

专题解析：央视二套节目定位的四次调整

自1973年开播以来，央视二套节目的定位经历了四次调整。

1996年央视二套正式以经济为特色来建设自身。在整体框架上，它包括深度报道、经济新闻节目、服务类节目、专业对象节目四个结构单位，经济节目的时效性、准确性、权威性和针对性都有所提高，经济节目的信息服务功能得到挖掘，同时开始尝试走经济娱乐化道路。

2000年央视二套进行了第二次定位调整，确立了"经济·生活·服务"的目标，成倍地增加了经济类栏目的比重，节目内容也更具权威性和实用性，同时取消了原来与专业频道定位不相吻合的电视剧、文艺专题等节目，首次将关注经济信息的观众和巨大的百姓消费群体锁定为目标观众。新的频道整体风格更加大众化、多样化，栏目的服务性、娱乐性增强，为观众构建了全方位、便利的经济生活服务信息网络，初步具备了专业化经济频道的品牌形象。

2003年央视二套第三次对频道定位进行调整，提出了大经济的概念，形成了泛财经化和大众生活化的风格，开始运用专业营销手段包装、推广频道。基于此，央视二套开始以"大众、综合、实用"作为频道定位的核心理念，遵循"为百姓大众服务，为中国经济服务"的宗旨。新版推出的经济频道并不是完全专业化的财经频道，而是以经济资讯为核心内容，具有专业特色的服务频道。

2009年8月24日，央视二套正式更名为财经频道。全新亮相的财经频道大刀阔斧地对节目类别的构成进行了提纯，原来的21个节目只完整保留了《经济半小时》《对话》等7档节目，其余全部为新节目，改造量超过了55%以上。

通过不断的动态调整，央视二套正逐渐剥去"综合""文娱"等外壳，完成权威的专业化财经频道的构建。而这一过程也是伴随着我国受众需求的变迁而逐步展开的。

二、频道内容创作定位的及时评估和调整优化

专业化频道由于定位落实的偏差而逐渐沦为"伪专业化频道"，是频道定位要求即时评估、调适、优化的另一个重要动因。

近两年，与电视专业频道纷纷设立、千帆竞渡相伴而来的，却是一部分"专业频

道不专业""千台一面"的现象,这种怪现象大致可归结为:

(1)频道定位设置重叠,内容大同小异;

(2)专业频道不专业,在内容层面什么都想触及,实际定位更像综合性频道;

(3)收视份额少,广告收入低。

广大的电视媒体从业者通常用六个"怪圈"来归纳专业频道在定位上的错位:

(1)专业频道在内容的选材上并不专业;

(2)真正的专业频道受众范围小、收视效果较差;

(3)广告创收渠道狭窄是频道专业化的最大障碍;

(4)专业化频道在节目结构上容易形成单一的局面;

(5)管理体制上条块分割;

(6)专业人才与节目水平不高。

可以说,电视频道专业化的过程中普遍存在着"同质化高、重播率高、频道专业化程度低"的困惑。

专业频道不专业的一个重要原因,是许多专业频道在定位上的落实偏差,定位的思路并没有真正落地执行,导致频道的品牌形象模糊,无论是对观众还是对广告主都缺乏应有的吸引力。

以正处于主题化、特色化过渡阶段的省级卫视为例,目前我国各省级卫视虽然有了主题性的定位,但往往又迫于生存压力,为了争夺更大的广告份额而不断增加综合要素,其表现方式就是黄金时间尽量多地播出电视剧和综艺类节目,而体现本频道特征的专业化对象性节目不是无暇顾忌便是束之高阁,成了摆设。结果导致省级卫视间"新闻+电视剧+综艺节目"的雷同面孔,使得原本属于自己频道特色的定位渐行渐远。

因此,专业化频道应构建完善的频道定位评估系统,以便更好地检测频道专业定位的落实情况,走出我国专业化频道不专业的怪圈,确保频道朝着正确的方向发展。

值得借鉴的是采用质量多元测评、目标收视率测评和经济收益自然测评相结合的评价方法。质量多元测评是对专业频道所播出的节目按社会专家、收视率、研究机构、内部员工、成本支出、经济回报等多个角度打分,再将评价结果进行综合,得出节目的质量等级；目标收视率测评是对目标观众收视情况进行客观考察；经济效益评价是最彻底的评价方法，在经历了一定的时间后，它的评价结果决定了频道专业选择的最终成败。测评体系的建立可以为电视经营实体提供富有价值的反馈信息，使其能尽可能通过及时的改进排除操作中的干扰，为科学正确地评价频道定位提供保证。

三、专业化频道的价值竞争策略

在本小节中，我们将以央视财经频道为例来说明专业化频道的价值竞争策略。作为中国最重要的财经媒体，央视财经频道是航母级的媒体，承载着多重功能，服务于多层次观众，节目内容和节目样式也丰富多样。面对复杂的任务和受众，央视财经频道怎样把握自己的个性？央视财经频道的个性由多重维度确定，其中一个重要的维度就是央视财经频道的价值竞争策略。

媒体通常有两种定位方法：一种是按照服务人群定位，比如为股市投资者服务的证券节目；一种是按照题材定位，重点关注某类选题，比如旅游卫视专注旅游题材。但央视财经频道的定位有别于这两种方法，它采用的是价值定位方法。央视财经频道从财经媒体的社会功能入手，首先梳理中国受众的主要财经资讯需求，然后选择以央视财经频道的地位和资源最能满足的几种需求为自己的优先方向，形成适合财经频道的价值竞争策略。央视财经频道的宣传语"价值无处不在"就是这种价值竞争策略的体现。

价值定位法规避了人群和题材的局限，有效拓展了财经频道的操作空间。只要符合央视财经频道的价值定位，不论何种人群都可以成为其受众；只要符合央视财经频道的定位，受众喜闻乐见的任何题材都有可能成为其报道的内容。这种定位方法有助于央视财经频道利用其身为央视这个大众媒体的平台优势，在中国社会发挥最大的社会效益。

央视财经频道的价值竞争策略定位有众多支柱，不同时期按照需求突出不同的功能，比如在经济动荡时期加大宏观经济大势的把握，帮助人们在认清大趋势中的同时把握风险。以下几个方向是央视财经频道最经常运用的价值策略。

（一）把握经济生活大环境的变动趋势

作航母级大媒体，央视财经频道的定位是：提供海量的财经基本资讯，帮助人们感知经济生活大环境的变化趋势，给人们提供把握财经命运的大智慧——在趋势的重大变动中把握机会。

这样的定位，要求央视财经频道在把握内容时从大处着眼、小处着手，保持对国内外宏观经济环境变化的敏锐感知，在这样的前提下去审视财经生活细部的画面。

这种定位符合财经媒体作为国家级媒体的特点，它视域开阔，为财经受众提供的是一种小媒体无法提供的普遍服务。在这样一个竞争策略下，国家政策这个影响中国经济生活的重要因素又能得到优先关注，这也符合财经媒体作为国家级媒体在政策宣导方面的任务。在央视财经频道的节目中，有众多从属于这一竞争策略的节目，比如《中国经济年报》《中国经济季报》《月度经济观察》《世界经济报告》《直击欧债危机》《资本风向标》等。

传播商业文化、培植适合中国社会经济发展需求的商业价值观，这在市场经济尚处于初级阶段的中国也是多层次人群的共同需求，是适合国家级财经媒体深耕的开阔地域。2011年3月，央视财经频道针对国内某网站利用市场优势地位提供虚假推广链接、贴吧发布失实信息等内容，集中播出了一组《诚信是金》的报道，其初衷就是在互联网领域捍卫市场经济自由竞争原则。这组报道以其不俗的价值定位赢得了巨大的反响。

（二）积极干预现实经济生活

央视财经频道一直把参与现实生活、突出实用价值作为其提升社会影响力的基础。央视财经频道是官方媒体，有很多手段可以去影响现实，比如说促使国家有关部门改变政策。与传统的舆论监督不同，央视财经频道在切入财经生活热点问题时，坚持科学监督、建设性监督，把财经研究、财经发现、财经对策和新闻报道紧密结合在一起，帮助人们认识问题、解决问题。2012年3月，央视财经频道推出的系列报道《聚焦物流顽症》就是积极参与现实生活的一个案例。很大程度上，正是由于央视财经频道的独家调查深刻揭示了中国物流业存在的问题，国家有关部门才出台了一系列促进物流业健康发展的新政策。

（三）传授财经能力

很多财经媒体注重资讯传播功能，不太重视财经能力传授功能，央视财经频道利用电视生动易懂、富于感染力的优势，在传播财经资讯的同时，注重传授具体的财经能力。央视财经频道注重培养财经思维、财经能力和正确的财经行为方式，帮助人们更自觉、更快速地成为"财经人"。央视财经频道曾经播出过《商道》《创业智慧星》《高朋满座》等以传授商业能力为主要宗旨的节目，组织过"寻找乡村创业致富榜样"以帮助人们提升把握财富命运能力为主要目的的活动。《对话》《交易时间》以及众多财经报道都以传授财经能力为主要诉求。

（四）传播实用资讯

从培养价值观、财经思维到传授财经能力以及提供最实用的财经资讯，央视财经频道的价值功能覆盖了中国财经受众由高到低多个层面最主要的财经资讯需求。传播实用资讯是财经频道一种基础的功能，频道设置的大量资讯节目中相当一部分是在传播实用资讯。在某些特定的场合、特定的时段，央视财经频道甚至"放下身段"，直接出场推销产品。如2011年，央视财经频道就播出了大量的"农产品供销站"节目，并组织农产品供需见面会，直接帮助农民推销滞销农产品。把财经媒体的实用功能做得如此彻底，在CNBC这样的财经媒体看来是不可思议的，但它符合中国需求、中国特色。在中国，"三农"具有稳定经济基础的重要地位，但农民却还不能享有足够的市场资讯。作为国家级媒体，央视财经频道将公益活动和实用功能集于一身，直接帮助农民推销农产品，社会效益、经济效益和媒体传播效益俱佳，赢得了各方的广泛赞誉。

（五）做研究型的媒体

央视财经频道不仅传播来自各种渠道的财经资讯，还把独立研究中国经济重大问题、发布独具特色的研究成果当作自己的重要任务。央视财经50指数、县域经济论坛、中国经济年度人物、中国经济生活大调查等都是这方面的成果。它们对外展现为一种财经产品或者财经活动，背后则是一种独特的资源、独特的方法和独特的发现。比如中国经济生活大调查就把幸福感当作观察经济的一个重要维度，这与其他各种官方经济调查报告有很大区别；年度经济人物也注重对年度经济趋势、年度经济生活热点的把握，寻找那些还不广为人知的经济领军人物。在日常报道中，财经报道也把研究发现当作具有独家特色的重要来源，像《聚焦物流顽症》《聚焦钱流》《聚焦水流》

《聚焦中小企业融资难》都有极强的研究性，切入中国经济的焦点、热点、难点问题，寻找解决问题的方法。为了突出作为研究性媒体的功能，央视财经频道组织了相应的资源，比如智库和县域经济网，前者帮助央视财经频道快速汇聚一流的财经智慧，后者则将触角延伸到中国经济的基层，直接掘取那些被其他媒体忽视的一手经济资料。

（六）拓宽国际视野

很多媒体都具备广阔的国际视野，但把这样一种价值做到极致、做成一个媒体的突出卖点，则是央视财经频道自觉设计的一项竞争策略。央视财经频道的国际视野已经做到了国内国际能出能入、融为一体的境界，它用同样的财经价值观和财经思维审视国内外重大财经命题，在财经生活的国际国内融会贯通中确立自己的内容特色。财经频道认为财经资讯天生就是国际的，因而经常将中国的财经难点问题置于国际视野下求解，也为各种重大的国际财经生活事件和主题在中国寻找落点。

作为央视财经频道成立前奏的《直击华尔街风暴》，为频道的国际视野奠定了无可撼动的基础，这组历时101天的大型直播节目创造了中国财经媒体报道的多个"之最"，也把央视财经频道在国际视角上的优势推到了一个很高的境界。在2009年8月央视财经频道正式推出后，一些栏目、活动的设计都直接继承了《直击华尔街风暴》的传统，比如栏目《环球财经连线》，品牌报道《直击欧债危机》《直击G20》《直击APEC》《直击达沃斯论坛》等，品牌活动——达沃斯《中国之夜》论坛等。这些都是主打国际视野和国际影响力的节目和活动。在日常报道中，央视财经频道还发明了众多技战术，充分显示出其在国际视野上的优势，比如在报道种业、农技问题时，链接美国、日本、韩国等国家在促进这些产业健康发展方面的做法。

为保持自己在国际视野方面的领先优势，央视财经频道在中国媒体中创造了众多领先的运作机制，比如说与CNBC、彭博财经等国际一流财经媒体合作，互换节目资源，"借船出海"。此外，央视财经媒体还在海外设置了五个演播室，直接传回一手的国际财经资讯，央视财经频道庞大的智库在一开始就是全球化的，这也是这个频道在迅猛的专业化进程中的一个关键举措。

思考及练习题

1. 以自己家乡所在地电视台为蓝本，写一份该电视台的定位分析报告。

2. 请观摩研究中央广播电视总台第7频道，分析并阐述为什么这个频道会将军事和农业两个领域的内容放在一个频道中？这样做的优势是什么？

电视台（频道）的节目编排

电视台的节目编排不是简单地用各种节目将一天的时间填充满就行了，如何在24小时之内呈现周密的节目内容排兵列阵，呈现丰富多彩的节目，展示清晰的频道架构，同时还要凸显电视台或者频道的自身定位、品牌特征，最大限度吸引目标受众，是每个电视台或频道都必须重视的问题。

多个节目应该按照什么样的逻辑来确定其先后顺序？什么样的节目放在什么样的时段是由什么因素来决定的？什么样的观众需要什么样的节目？什么样的节目适合什么样的观众？在特殊的时期或者时段又应该如何安排节目内容？节目编排如何符合或者提升电视台或者频道的品牌形象和定位？在本章的内容中，我们将对这些问题进行一一地解答。

第一节　电视台节目编排如何契合
受众收视行为和习惯

一、融媒体环境改变了受众收视行为

随着互联网内容的不断丰富以及接收终端的多样化，融媒体环境下电视媒体的控制者地位已然不在，观众逐渐掌控了媒体的选择权。可以说，观众的收视取向决定了电视这种大众媒体的生存空间，电视与受众之间的关系由之前的卖方市场转换成了现如今的买方市场。在传者受者双方控制地位改变的同时，观众的信息需求也发生了巨大的变化，观众已经由单一的、大批量的大众消费逐步转变为多样化的、个性化的分众消费。在这种情况下，电视媒体要想赢得观众，就必须以受众为本，按照观众的需求来制作和提供节目内容。

二、电视台要对目标观众进行分析

电视台的整体节目编排要必须做到风格和内容范围的精准化，专业化频道正是基于这种理念发展起来的，它是为特定收视人群量身定做的对象化频道，满足特定收视人群的特定需求。这就要求专业化频道节目编排必须以目标观众为基础，根据目标观众的收视行为和生活习惯来安排和设置节目。

目标观众的收视行为和生活习惯可以借助相关专业调查公司的调查和分析来获得。同时频道也可以观众座谈会、深度访谈等形式，进一步接近和了解频道目标观众。只有基于观众的收视行为和生活作息习惯，合理安排节目资源，最大限度地创造观众收视的便利性，才有可能在观众和节目之间建立明确便利的传播通道。

同时需要注意的一点是，我们应该辩证地看待观众收视行为的数据：一方面，我们要根据观众收视行为和情况来进行资源配置和节目安排；另一方面，我们又不能被数据所局限，而应该发挥创造性，在遵循受众便利性原则的基础上，利用优质的节目，合理引导观众收视，培养观众形成新的收视行为。例如浙江电视台钱江都市频道，在对观众收视行为及竞争环境进行详细分析后，推出了《九点半》栏目。栏目立足于本土热点新闻和重大主流新闻，以独特的立场和观点报道，成功地改变了收视曲线9:30以后下滑的趋势，成功地开发了后黄金收视时段。

思考及练习题

请详细分析一下你自身或周围的同学、家人收看电视或网络视频节目的行为习惯。

第二节　电视台节目编排的要素

一、编排周期

电视媒体只能依照时间进行线性传播，因而时间对于电视媒体的重要性不言而喻。该模型将时间视为节目编排的重要资源和基本配置单位。

大量调查数据表明，观众的收视行为以一天、一周和某段特殊时期为周期呈现一定的规律性，因此时钟模型分别从日播、周播和季播的角度来考量节目编排。在模型中，一个完整闭合的圆圈表示一个收视周期（一天、一周或某段特殊时期）。日播模型注重考虑一天之内不同节目之间的纵向联系，如频道的主框架是什么，黄金时间段与次黄金时间段节目带如何衔接。周播和季播模型重点考察同一个节目带在更长周期内的横向联系，如黄金时间段节目带在一周之内如何呈现才能使观众养成固定的收视习惯。

二、节目带

同一个收视周期内的不同时段，观众收视行为差异很大，每个周期还可以再进一步细分为多个收视相近的时段。在收视行为比较相近的时间段内，多个节目共同固定时间播出，就形成了节目带（模型中的虚线圆圈）。

如何根据观众的收视行为和需求来配置节目带？节目带中节目之间如何衔接组合？节目带之间又如何相互配合呼应？这便是这部分要解决的三个问题。

三、节目类型

节目类型直接影响到频道的专业化程度。该模型依据节目与频道定位的关系，将节目类型划分为三种：专业节目（包括高端、小众和大众专业节目）、与专业性只有较弱关联的泛专业节目以及不具备频道专业特征的非专业节目。

节目类型这一指标主要要解决两个问题：一是频道专业性是否清晰明确、专业节目比例如何、如何分布的问题；二是同一个节目带内不同节目类型能否顺利衔接的问题。

四、竞争因素

电视观众的注意力是有限的，每个观众只能在同一时间关注一个电视频道，厚此必定薄彼，所以电视节目编排不能只从自身资源出发，不仅要考虑节目时段、节目内容、类型等频道内资源，还应该考虑竞争对手的编排。

在该模型的应用中，频道可以先根据目标受众的收视需求和行为，合理配置自身资源，设计出一个节目编排方案，再将这个方案与竞争对手方案进行对比和适当调整。

五、资料链接

根据目标观众的收视行为特征，收视分别以日、周和年为周期呈现不同特点，因此本文将这三个时间段作为编排基本单位，对于其对应的对日播、周播、季播等编排方式进行简要分析。

（一）日播：以一天为播出周期

观众的收视行为与观众的学习作息、日常工作等息息相关。每一天是观众收视的基本单位。根据央视—索福瑞2010年71城市收视数据，可以将观众每天的收视行为进一步细分成几个相对独立的时间段。

0:00—6:00　这一时间段，绝大多数观众处于睡眠状态，整体开机率全天最低，收视十分低。

6:00—8:00　这一时间段，观众开始从睡眠中起来，洗漱吃饭准备去工作。伴随着观众的苏醒，开机率逐渐上升，收视也随之上升。这时候，对多数观众而言，电视媒体更多的是处于伴听状态，观众一边准备上班事务，一边收看收听电视节目。这个时段可以说是绝大多数观众一天收看电视频道的开始，因此这一时段对频道已具有重要的战略意义。

08:00—12:00　上班族上班时间。随着老年人晨练结束，家庭主妇从市场买菜回来，收视逐渐上升。收看电视的多为家庭主妇和老人。

12:00—13:00　上班族的午休时间。休闲娱乐时间的到来带来一天的收视小高峰，该时段收视超过全天平均水平。

13:00—17:00　随着上班族返回工作岗位，收视随之下降。

17:00—18:30　下班时间。开机率逐渐增加，收视人群逐渐增加，收视份额超过全天平均水平，是每天收视的第二个小高峰。

18:30—22:30　一般而言的黄金时段。这个时段观众开始闲暇下来，有更多机会聚集在电视前面收看电视。这个时段是全天的收视高峰，超过全天平均收视率的两倍以上，积累了全天总收视的50%，是整个频道获得高收视的重要基础，也是众多频道的兵家必争之地。这一时段集中了各个竞争频道的最优质资源。

22:30—24:00　随着观众开始进入休息状态，电视开机率逐渐下降，收视也随之下降。

（二）周播：以一周为播出周期

观众收视与日常工作、生活作息密切相关，周末为日常忙碌于工作和学习的年轻人提供了休闲娱乐的时间，所以周末创造了一周内的收视高峰。从央视—索福瑞2010年收视数据可以看出，周末（周六和周日）的日间收视率明显高于工作日（周一至周五），周五和周末深夜（22:00之后）收视高于工作日。因此，编排节目时应充分考虑工作日与周末的收视差别，根据央视—索福瑞媒介研究2010年调查数据，可以将观众的一周收视行为进一步细分。

（三）工作日（周一至周五）

观众工作日的收视行为比较有规律，正如前文每天收视分析中所描述的，重点收视时间在午间小高峰、傍晚小高峰、黄金高峰期。周五晚上，由于观众周末不用上班，娱乐休闲时间增多，收视有所提升，节目编排上应重视周五晚上黄金时间段规划。

（四）周末（周六、周日）

观众周末的收视行为与工作日相比随机性更高。与工作日相比，周末白天时间段收视明显增多，节目编排应重视开发周末白天收视时间。

（五）季播：以某个特殊时期为播出周期

观众的收视行为具有一定的季节性，因为不同时期的工作安排差异会直接影响观众的收视行为，与之相应，便会形成具有时期特点的收视行为变化。季节性收视中，观众的总收视量和时段收视、频道和节目选择特点、时期和群体的差异表现等，对与之相关的节目调整和编排调整具有重要的现实意义。

（六）寒假（1月到2月）

寒假的收视上涨，一方面是因为气候因素：冬季气候寒冷，日照时间短，户外活动时间少，观众在家中时间增多，电视作为主要娱乐方式收视也增多；另一方面是因为学生放寒假，这也极大地促进了白天收视时长的增长。

（七）春节

春节是中国最大的传统节日，是广大人群的收视集中期。

（八）五一（5月第1周）

五一假期，休闲娱乐时间的增加直接拉动了收视率的上升，随着五一假期由七天减少为三天，五一收视影响已不如以前，但仍高于平时。

（九）暑假（7月和8月）

由于学生放暑假，大量的白天休闲时间使得日间收视升高。近年来，电视观众构成中老年人所占比例较高，年轻人越来越少，而暑假是学生这一年轻群体相对集中的特殊收视时期。如何利用暑假，培育年轻观众，提高频道节目影响力，塑造频道品牌对于频道的未来发展具有重要的战略意义。

（十）国庆（10月第1周）

国庆七天假期，观众休闲娱乐时间增加，国庆小长假收视明显。

近年来，众多电视台对假期编排非常重视，假期收视效果明显。上海东方电视台娱乐频道是一个定位于民生娱乐的专业频道，从2006年起娱乐频道每逢五一、十一、春节长假都坚持整体编排，长假特别版面使娱乐频道屡屡成为整个假期的收视冠军，而每逢假期，收看娱乐频道则已经成为上海观众的一种收视习惯。从上海娱乐频道的案例可以看出，观众的收视行为是可以培养的。2008年，中宣部、中央文明办等部门增加了清明、端午、中秋等几个传统节日的假期，虽然目前来看，这几个节日还没有出现明显的假期收视行为，但是如果电视台能够针对观众的收视心理，提供适合假期的节目编排，积极培养观众的假期收视行为，或许能够创造出新的假期收视时间段。另外，电视台也可以通过了解目标观众需求和收视习惯，打破物理上的季节限制，根据其需求变化提供不同的季播主题和方案。

思考及练习题

请以自身的作息习惯为参照，分析一下青年学生在寒假和暑假时对电视或网络视频节目都有哪些需求？

第三节　电视台节目编排模型具体运用策略

一、节目带间策略

（一）重点布局主要节目带，打造频道主框架

不同节目带对频道贡献程度不同，晚间黄金时间段是收视高峰，而清晨时间则是收视低谷，所以在节目编排时应该对不同节目带的重要性和特性进行评估和分析，重点布局主打时段，有针对性地安排合适的内容。只有在各个重点时段设置强势专业节目，才能搭建出清晰的专业频道的主框架。同时，节目编排应当充分发挥非主要时段节目带的作用，利用非主要时段节目带不断丰富和完善频道品牌个性。

CNN频道集中力量主打19：00-23：00黄金时段，该时段节目配备了频道的主要制作团队和王牌主持人，通过多角度、多层面、多手段、多载体等方式对当日新闻进行加工解读。在精心布局黄金时间段的同时，CNN也在力争开发有潜力的时段，如7：00-10：00，尽可能安排著名主持人，利用主持人的影响力带动时段收视。CNN十分重视成本，除了黄金时间段和潜力时间段外，其他时间段则尽量以低运行成本保证新闻播出。这种布局使CNN得以将主要优质资源集中于主要竞争时段，在打造鲜明的频道特色的同时有效地保障CNN的竞争优势。

（二）灵活调整节目编播，保障频道时效性和权威性

虽然固定的节目播出有利于受众养成良好的收视习惯，形成收视忠诚。但是，电视媒体带有很强的时效性，在面临重大突发事件、重大新闻事件时，受众对信息的需求十分强烈，而且需求量非常大。如果频道能够在第一时间提供受众需求的信息，便将会极大地提升频道品牌的可信度和权威性。CNN正是在第一时间提供伊拉克战争信息转播而一举成名天下知的。频道在编排节目时应该保留一定的灵活性，在有重大新闻价值的事件发生时，能够打破正常编播计划，及时调整节目播出，提供具有时效性的信息。

在信息时效性上做得较好的是CNN频道，它定位于新闻频道，并将信息的时效性

渗透到了每日的编播中。CNN以小时为基本单位分割时段、设计栏目，在一个小时内设计不同内容时段：一个小时内可以有滚动新闻、深度报道、人物访谈、财经体育新闻等。这种灵活的编播方式使得频道能够随时与新闻事实同步，从而有效地提高了新闻的时效性，满足了受众对新闻实效性的需求。

二、节目带内策略

（一）重节目内在关联，发挥1+1>2效应

节目带的划分应依据目标观众的需求和收视行为。划分合理的节目带能够简化观众的选择，即观众可以选择一整个时段的节目而不是单个节目。就如同点菜，从种类繁多的菜单中点菜很是劳心费神，还不如选择提前搭配好的套餐来得轻松愉快。同时，节目带的编排可以整合分散的资源，实现1+1>2的效应，既充分发挥个体栏目的优势，又可以形成合力，巩固和提高观众的忠诚度，强化频道的定位和品牌形象，增强频道的市场竞争力。

但是节目带编排并不是简单地把节目摆到一段固定的时间播出就可以了。节目的播出时间和播出顺序只是节目的外在关联，它能帮助观众形成收视预期，却不一定能留住观众。不同节目自然会存在一定的差异，如果运用不当，观众群体就会分化，节目间隙便将成为观众连续收视的断点。要真正发挥节目带的收视黏合力，留住观众持续收视，就必须考虑节目间的内在关联。内在关联是形成节目竞争合力的关键，只有节目间有效关联，才能形成合力，黏住观众持续收看。

因此，在进行节目带编排时应充分考虑节目间的内在联系。可以采用堆积法或主题化的编排策略，使相同主题的节目形成关联性强的大板块节目带，如以综艺节目进行组合形成综艺节目带，或以新闻节目进行组合形成新闻栏目带，使节目带不管是在形式上还是在内容上都保持比较高的一致性，以便有效地垄断播出时段的受众群，吸引观众选择并持续收看节目带。

另外，也应该积极促进观众对节目带的时间联想，利用固定的播出时间和重复的节目导视预告，不断强化节目带与固定时间之间的联系，让观众形成收视预期，进而形成稳定的收视行为。

（二）合理搭配主次节目，引导观众顺流

观众在收看电视时，往往是要么驻足收看，要么流动选择，循环往复。随着电视频道的增多，观众选择的空间增大，观众流动的现象更加明显。

大量收视数据表明，两个节目交界处是观众流动的破口，而良好的节目具有较强的牵引效应，即主要节目结束后，其观众群中有相当比例的人会继续收看同一频道接着播出的下一个节目。因此，在节目编排时，应当充分利用收视良好的品牌节目的牵引作用，选择合适的策略方式，合理搭配品牌节目和非品牌节目。比如，可以采用帐篷策略，利用已经成功的节目来拉动后面节目的收视，即在前一个节目收视最高潮阶段力推即将播出的内容，借力打力，充分利用节目的高关注度和高收视率引导观众顺流，撑起下一个节目的收视帐篷。也可以采用吊床策略，将一档比较弱的节目安排在两档收视比较强的节目中间，拉动中间节目的收视。安徽卫视曾经在《黄金剧场》采用过吊床策略，在实力较强的《黑洞》和《不要和陌生人说话》之间播出较弱的《真相》，三档电视剧都取得了较好的收视率。其中《真相》创下了全国各频道播放的最高收视率。通过品牌和非品牌节目的合理搭配，可以成功地控制观众的流动，引导"顺流"，减少"溢流"，增加"入流"，达到节目与观众的最大契合。

三、电视台节目特别时段编排

某些特别时间节点的节目编排，是电视台的重要日常性工作任务——比如国庆长假，这七天的愉快假期，既有的固定观众群体势必会被假期分流，在这样的情况下，总编需要根据当地的观众群体行为方式与各个栏目共同策划假期特别节目内容，或者是特别的节目编排方式。这是一项需要一定提前量的工作，至少需要提前两到三个月进行编排规划。比如某定位为专业为妇女和儿童服务的电视频道，平时的日常节目编排是由电视剧、情感类节目、生活服务类节目、儿童节目、动画片等组成，但是，为了应对每年的国庆七天长假，这个频道都会提前进行国庆期间特别节目编排，这七天的节目结构基本会打破原有的编排逻辑。

图4-1　重庆卫视在某年国庆期间的特别节目编排包装

（图片来源：重庆卫视）

图4-2　陕西电视台第四频道国庆特别节目编排包装

（图片来源：陕西电视台）

图4-3　央视少儿频道国庆特别节目编排包装

（图片来源：央视网）

在国庆、五一或春节这样的长假期间，各个电视台（频道）都会进行适合目标观众假期收视习惯的节目编排，比如图示中的三个电视频道，就进行了国庆节目特别编排的特别包装。在节目具体编排方面，各个电视台也会在原有节目的基础上进行大幅度的调整，如图4-4中所示：

时间	10月1日 周四	10月2日 周五	10月3日 周六	10月4日 周日	10月5日 周一	10月6日 周二	10月7日 周三
\multicolumn{8}{l}{湖南卫视国庆期间全天编排}							
07:30	\multicolumn{7}{l}{精选回放纪录片《和爸爸在一起》}							
08:00	\multicolumn{7}{l}{精选重播《好好学吧》}							
08:30	偶像剧场（4集）《花千骨》		偶像剧场（5集）《花千骨》		偶像剧场（4集）《花千骨》		
12:00							
13:00	周间栏目重播（或电视剧）		《爸爸去哪儿》+《和爸爸在一起》重播	《快乐大本营》重播	周间栏目重播（或电视剧）		
16:00			特别回放《快乐大本营》	《偶像来了》+《我们的偶像》重播			
18:00	\multicolumn{7}{l}{编排不变}							
19:30	《变形计》	金鹰独播剧场（1集）			《变形计》		
20:10	金鹰独播剧场（2集）	《天天向上》	《快乐大本营》		金鹰独播剧场（2集）		
22:00	《我们都爱笑》	《爸爸去哪儿》	《偶像来了》	钻石剧场（2集）		青春进行时（2集）	

注：灰色部分编排不变

图4-4 湖南卫视国庆特别节目编排方案

（图片来源：芒果网）

这是湖南卫视某年度国庆期间的特别编排，其与非节日期间的日常安排间最主要的不同在于白天（图4-4中白色部分是做出调整的编排方案），在10月1~7号期间，该频道早间七点半的新闻资讯类节目《播报多看点》停止播出，改为回放《爸爸去哪儿》的精彩片段。从八点开始重播《好好学吧》的精编版本。其在国庆期间周末两天的编排也进行了大幅度调整，从早上八点半就开始连播五集偶像剧（日常编排为播出四集），下午时段则编排《爸爸去哪儿》《快乐大本营》等。

时间	10月1日 周四	10月2日 周五	10月3日 周六	10月4日 周日	10月5日 周一	10月6日 周二	10月7日 周三
\multicolumn{8}{l}{浙江卫视国庆期间全天编排}							
白天	叠播《奔跑吧兄弟》+《中国好声音》		叠播《奔跑吧兄弟》+《中国好声音》中午播出1期《12道锋味2》	叠播《奔跑吧兄弟》+《中国好声音》中午播出1期《挑战者联盟》	叠播《奔跑吧兄弟》+《中国好声音》		《中国好声音》叠播
16:00							《中国好声音》巅峰之夜倒计时
18:30	\multicolumn{7}{l}{编排不变}							
19:30	\multicolumn{6}{l}{中国蓝剧场（1集）}							《真声音》
20:00							
20:20	中国蓝剧场（1集）	《挑战者联盟》第4期		中国蓝剧场（1集）			《中国好声音》巅峰之夜
21:30	《中国好声音》重播	《12道锋味2》第9期		《挑战者联盟》第5期	《中国好声音》重播		

注：灰色部分编排不变

图4-5 浙江卫视国庆特别节目编排方案

（图片来源：浙江卫视）

浙江卫视的国庆特别编播就更能体现"特别"二字的含义，相较于其非节日期间的日常编播，其变化之大，可谓天翻地覆，从图4-5中可以看出，在1～7号期间，这个频道的节目只有六点半到七点半期间的编排没有改变，其余的编排均有调整。

其特别之处在于，1～6号，这个频道连续六天，几乎整个白天都在重复播出《奔跑吧兄弟》和《中国好声音》（这另个节目原本为每周播出一次）周六中午播出美食节目《12道锋味》。

从以上两个频道的国庆特别节目编排方案不难看出，所谓节日期间节目特别编排其实不外乎遵循这么一个思路，那就是：让你一次看个够！

各个电视频道都会在这个观众处于全天候休闲的时间段里，将各类收视表现强劲的、符合本频道目标受众收视习惯的节目集中打包呈现给观众，这样打包的方式就是为了全方位覆盖目标群体。换句话说，这样编排节目的逻辑很简单，就是让观众上午没看到，下午也能看，今天没看到，明天还可以看……

思考及练习题

请以你的家乡所在地电视台为蓝本，为其设计一套春节期间的特别节目编排方案。

第四节　电视台如何编排栏目间的空当时段

以上是基于整个电视台（或电视频道）战略层面的节目编排逻辑，比较宏观。那么对于总编室的操作层面，对将全天各个栏目串联起来，又有什么样具体的思路和逻辑呢？

不同的栏目就是一个电视台（或电视频道）内容产品的主干元素，如同砖块一般。那么，如何将这些砖块以艺术的方式黏合起来，从而构建出一栋富有美感的建筑呢？

任何一个电视台，他们的不同栏目都不可能无缝衔接式的播出，其间一定会插入广告、台标、宣传片等形式的内容，其主要目的当然是为广告留出时间段，这是一家电视台的生存之本，但又不能这么干巴巴地以"栏目+广告+栏目"的方式循环编排，否则，观众的观感将会非常枯燥单调。总编室必须在其中加入必要的修饰成分来消除观众在不同栏目间等待时间的单调感。那么，如何做到这一点呢？

一、将广告纳入编排，实现节目广告双赢

广告作为电视节目中一个不可或缺的元素，其编排是否科学直接影响着观众的流动，影响着广告与节目的传播效果，甚至影响着电视频道的整体形象。央视—索福瑞媒介研究证明，节目广告分钟段位收视衰退率与广告段位时长呈正相关关系。收视仪数据也反映出节目收视与广告收视呈U形或V形关系，即广告插播时收视率迅速下降，随着临近后面节目的开播，收视率又逐渐上升。很明显，广告特别是节目间的插播广告，已经成为观众流出的重要破口。

广告价值依托于节目，频道希望拓展广告资源的规模来获取更大的广告效益，但广告时段的延长又必然会影响广告时段和节目的收视效果，进而反过来影响广告时段的交换价值。因此频道需要在广告时间长度和广告时段收视衰退中选取一个更好的平衡点，如此才能实现最理想的广告资源投资回报。将广告纳入节目编排中，有助于频道更好地寻找到广告和节目的平衡点，在不影响观众收视的情况下使广告收入最大化，同时又维护频道的形象。

电视广告编排要把观众的收视习惯和感受放在首位。广告对节目收视也有明显的影响，广告时段的多少、长短以及插播时机都会影响到观众对节目的收视乃至对节目的忠诚度。一些广告在不合适的时间播出，例如，在用餐时间播放的治疗脚气、痔疮等药品的广告，不仅不会引起观众的兴趣，反而会造成他们的反感，进而危害节目的整体收视效果。广告时段中离开的观众可能被其他频道和节目吸引而不再回流，使得广告时段后的节目收视不能回弹。更有甚者，广告时段过长，或者广告时段的插入节点打断了观众节目的收视连贯性，久而久之，便可能引起观众的负面情绪，降低观众的忠诚度，进而对节目整体收视或长期发展产生不利的影响。

节目编排时应该把广告作为整体节目的一部分，根据观众收视特点，结合节目内容，考虑节目间和节目内广告的异同，合理设置广告时段的位置和长度。这样一方面可以将节目受众需求和广告内容联系起来，提高广告的可读性，降低观众对广告的反

感,可以建立电视广告数据库,以传播内容、传播方式、传播对象等标准为依据,对电视广告进行分类并配以相近类型的节目分时播出,迎合观众潜在的信息需求,尽量减少广告对观众收视节目的影响。另一方面,则可以通过具体编排策略尽量减少观众流失。如在考虑频道竞争和台内配合的基础上实施无缝编播,即前后节目间不插播广告,这样可以将节目间广告对观众流失的影响降到最低,最大限度地实现前后节目的顺畅流动。

二、节目间空当时段内容编排

总编室必须要研发出"黏合剂"的类型——也就是用什么样的内容来填补节目与节目之间单纯播出广告给观众带来的枯燥感。一般来说,频道自身宣传片、公益广告等,就是填充节目与广告间空当时间的"黏合剂"。

比如央视一套（也就是CCTV—1、综合频道）在中午11:50左右一部电视剧的结尾到12点正新闻三十分开始的将近10分钟这个时间段里,是如何编排"黏合剂"内容的呢?

11点50左右,电视剧《马向阳下乡记》结束,出片尾,至11点51左右片尾结束（图4-6）

图4-6　央视节目间内容编排

（图片来源：央视网）

11点51分20秒左右,电视剧《马向阳下乡记》下集预告（图4-7）。

图4-7　央视节目间内容编排

（图片来源：央视网）

11点51分30秒左右，央视ID标版（图4-8）

图4-8　央视节目间内容编排

（图片来源：央视网）

11点51分35秒左右开始，商业广告三条（图4-9）

图4-9　央视节目间内容编排

（图片来源：央视网）

11点53分20秒左右，央视综合频道自身形象广告及广告代理商展示（图4-10）

图4-10　央视节目间内容编排

（图片来源：央视网）

11点54分左右，公益广告一条（图4-11）

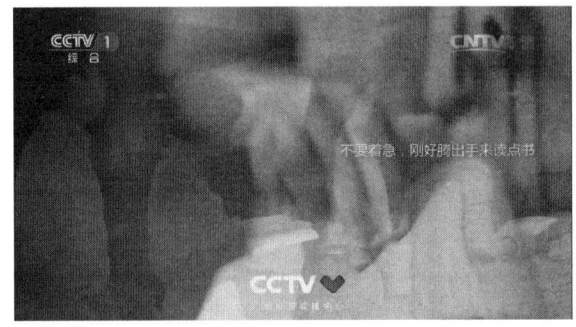

图4-11　央视节目间内容编排

（图片来源：央视网）

紧接着是三条商业广告（图4-12）

图4-12　央视节目间内容编排

（图片来源：央视网）

11点55分左右，播出央视一套导视标版（图4-13、图4-14、图4-15、图4-16）

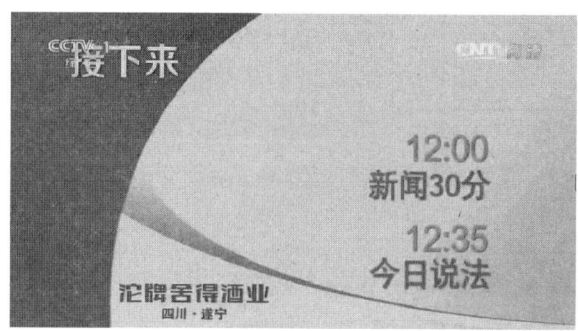

图4-13　央视节目间内容编排

（图片来源：央视网）

五秒以后，播出当晚黄金时段节目预告片（共预告四个栏目，包括电视剧）（图4-14~图4-17）

图4-14　央视节目间内容编排

（图片来源：央视网）

图4-15　央视节目间内容编排

（图片来源：央视网）

图4-16　央视节目间内容编排

（图片来源：央视网）

图4-17　央视节目间内容编排

（图片来源：央视网）

紧接着，再次播出五秒马上开始的下一个栏目的预告标版（图4-18）

图4-18　央视节目间内容编排

（图片来源：央视网）

标版后又是四条商业广告（图4-19）

图4-19　央视节目间内容编排

（图片来源：央视网）

11点57分35秒左右，播出黄金档电视剧预告片并附带其冠名播出赞助商信息（图4-20）

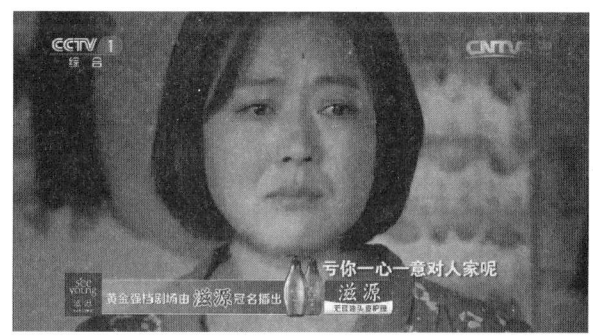

图4-20　央视节目间内容编排

（图片来源：央视网）

最后再播出一条公益广告。

图4-21　央视节目间内容编排

（图片来源：央视网）

12点整《新闻三十分》开始（图4-22）

图4-22　央视节目间内容编排

（图片来源：央视网）

以上内容仅仅是央视一套在全天不同栏目间编排内容的冰山一角，在其他时段，该频道的这一类内容还会有不同编排（比如公益广告的内容在每个时段都可能不同），但大致都遵循着上述的编排逻辑。

同样隶属于中央广播电视总台的CCTV—9（也就是纪录片频道）又是遵循什么样的逻辑和思路来编排不同栏目间的衔接内容呢？我们截取了其某全天时段中15点40左右《寰宇视野》栏目结束至16点另一部纪录片开播前的接近20分钟时段的编排：

图4-23　央视节目间内容编排

（图片来源：央视网）

1.（《寰宇视野》栏目的纪录片结束）

图4-24　央视节目间内容编排

（图片来源：央视网）

2.《精彩纪录》（某纪录片的精彩片段节选）

在此处必须说明一下这个《精彩纪录》片段其存在的价值和意义，图4-25是《精彩纪录》片段在结束时的画面：

图4-25　央视节目间内容编排

（图片来源：央视网）

在这个结束画面的醒目位置（也就是画面构图的黄金分割点上），浮现纪录频道的Logo、名称以及标语。由此不难看出，编排这一段内容，其目的就是强调纪录片频道的内容及市场定位。同时需要说明的是，CCTV—9在此类时段中，往往会编排两段

《精彩纪录》，以此来吸引观众的关注以及刻画其频道形象定位。

接下来是每一个电视频道无法回避的一个内容编排环节，那就是商业广告：

图4-26　央视节目间内容编排

（图片来源：央视网）

广告之后，进入正式节目时段……

以上，就是一个电视台（或频道）的整体包装编排策略范例，每一个电视台，都会具备自身的编排风格和个性，这是由其市场环境和对象所决定的。

思考及练习题

请分析一下你家乡所在地电视台在各正式栏目之间的空当时段是如何编排相关内容的？这些编排方案还有什么样的改进空间？

第五章 融媒体环境下电视台的节目交易

电视媒体发展至今,其内容制造的途径不外乎两条:一是自制内容;二是从行业内其他单位购买。电视行业的节目内容事实上是一种商品,商品只有在流通中才能体现其价值和意义。因此,电视台与电视台之间,或者电视台与节目制作单位之间的节目内容交易和流通,是电视传媒行业生存和发展的常态。

传媒行业向着融媒体形态转型后,媒体间的各种交流互通形式也产生了一些改变,作为融媒体的一个重要组成部分,电视媒体之间的节目内容交易流通也在向着融媒体的其他组成部分延展,但其流通交易的本质内容并没有发生变化。

在本章中,我们将对视频节目内容,尤其是对电视台或者电视频道这个层面的视频节目内容的交易流通形态和方式做一个梳理,让大家能够对电视产业的节目交易流通环节做一个深入地了解。

第一节　电视台节目交易的制度设计

一、节目采购和出售是电视台运营的重要组成部分

媒体融合使得电视内容制作机构（制作公司）之间、电视台之间、电视台与新媒体平台之间的内容交换更加的频密，各自的分工也更加的精准。在融媒体的大环境下，电视节目内容的交易流通渠道也越来越宽泛。

电视台是一个视频内容生产机构，电视节目的生产是其主业，但电视台不可能面面俱到，将所有符合自身定位的节目内容都纳入到自己的生产环节当中来，尤其是融媒体时代催生的"直播分离"体系，更是让电视台的定位日益精准——电视台的生产原则上只侧重于新闻信息资讯类节目、固定化栏目。而电视剧等形态的节目内容一般都依靠采购。同时，电视台作为节目生产单位，同时也是融媒体平台的内核和支柱，其生产的节目内容同样也会出售给融媒体环境下的所有可能的视频分发平台。因此，节目交易（采购和出售），在融媒体环境下，逐渐成为电视台运营业务的一个主干。本章将以电视台的节目采购为主要内容，以点代面，让大家对"节目交易"这样一个业务板块进行深入地认识。

二、电视台节目采购的负责部门

对于当下的很多电视台来说，电视剧的播出占据了其全部播出内容以及广告收入的大半壁江山。但对于绝大部分电视台来说，其实力不可能参与电视剧的生产和制作，那么，要维持一定量电视剧的播出，只能靠购买。

一般来说，电视台播出的电视剧采购，都是由总编室下辖的节目编排部门提出申请，再由总编室的节目审查部门进行审查，最后由节目采购部门具体执行采购程序。

电视剧采购，对于一家电视台来说是一个极其核心的业务板块，同时也是流程和程序管理最为复杂的业务板块。也是最容易出问题的板块。如同许多行业的采购环节

一样,这是一个违纪违法行为的高发领域,最为关键的是,长期以来,我国的电视剧产量一直居高不下,供大于求的状态持续到现在,整个电视剧购销格局还是属于买方市场的性质。国内现有电视剧生产制作单位数千家,电视剧年产量达到两万集左右,而全国具备大规模采购能力的电视台只有几十家,各类地市级电视台只能购买两三轮甚至三四轮播出的版权。即便如此,全国电视台对整个市场电视剧产量的消化能力也是有限的,远不足以消化这么大规模的产量。电视台在电视剧购销中,一直处于强势和主动的地位。这样一种市场定位,就完全有可能滋生出购销领域中常见的腐败。因此,对这一个领域进行科学、严谨的管理显得尤为重要。总编室仅仅是一个业务部门,在流程中,只能发挥内容审查和程序设计的职能,那么,总编该如何协助相关部门对整个电视剧或外制节目的采购程序进行精细化管理呢?应该在程序设计上注意哪些要点呢?

三、电视台节目采购的制度设计原则

首先是对节目编排部门对拟购节目内容名单制定的科学化管理:拟购买什么样的剧目,一般是电视台总编室节目编排部门提出申请,节目编排和选购人员直接接触电视剧市场(供方),是整个节目采购环节中的第一层级,这一层级的人员也是节目内容审查的第一关,也是最需要科学严谨管理的一个环节。

那么,如何让这个部门的人员提出的申请建议符合本台的基本定位?如何让编排部门的人员在海量的剧目中去遵纪守法且科学合理的筛选备选节目内容呢?

制定如下严谨的激励和约束机制,是解决这两个问题的根本途径:

1. 将电视剧的收视率和编排采购人员的绩效收入挂钩,这样可以从源头上对采购一线人员的行为进行约束,让他们能够站在自身效益的前提下去选择符合本台定位以及观众需求的节目内容。一线采购人员与电视台共担风险。

2. 设计一套严谨的备选剧目比选流程,采用多层级的审片制度,从编排采购人员的初审到总编部门分管领导组织审片团队二审、再邀请社会力量(观众代表)进行评判、再由台分管领导终审,总共四级审查。在整个审片过程中,也可以设计有效的激励机制,如要求各个审片人员对待选节目打分,其分值分为几个档次,比如A、B、C、D档,A档为高于本台平均收视率、B档为接近平均收视率,以此类推。谁的前期

评分最接近本节目最终的收视率表现，谁就能获得相应的物质奖励。这种方式能大大激励审片人员的积极性。

3. 实行外购节目编排及采购人员的轮岗制度。采购一线人员不定期轮岗，可以最大限度的压缩节目购买程序中"圈子"的形成空间。

4. 如果不是首播剧或首播节目内容，总编部门可以将其他电视台播出的收视数据作为重要参考。

以上举措，仅仅是从总编室的业务流程设计角度来防止采购程序中发生一些问题。当然，这些举措，绝不可能杜绝这些问题的发生，要达到杜绝问题发生的目的，当然还需要配合法律法规及电视台内部的其他管理条款，总之，要将电视节目采购人员以及采购决策人员的权利关进总编室设计的内容审查评价制度和法律法规、台规台纪等制度的笼子里。

思考及练习题

1. 模拟你所在班级需要向另一个班级采购节目，请你设计一套对洽谈人员的管理约束制度，以规范其行为。

2. 请模拟设计一套你所在班级向另一个班级采购节目的审片标准。

第二节　电视台节目采购的具体流程

一、节目采购人员需要具备的技能和素质

电视节目内容采购人员，必须是一个对电视收视市场具有敏锐嗅觉的人，他（她）必须对时下电视节目内容的流行趋势极其了解，对目标收视市场观众们的整体收视习惯和需求了然于心。这对于采购人员精确的筛选出具有优良市场表现的电视节目极其重要。

1. 必须掌握电视节目的质量评价标准，对电视节目内容的艺术表现手法的评价，以及其节目制作的技术标准，制作成本的估算等指标都非常熟悉。这对于采购人员掌

握采购价格非常重要。

2. 熟悉市场规律，懂得购销双方谈判技巧。这对于为电视台掌握交易主动权很重要。

3. 熟悉法律，特别是《合同法》《版权法》等法律法规。这对于交易中避免纠纷，或者在纠纷中占据主动权很重要。

4. 必须是遵纪守法、一身正气的公民，这对于在交易中避免违法违纪行为的发生，很重要。

二、电视台节目采购的具体程序

（一）节目采购协议内容拟定

电视节目采购人员，可以说是全才型角色，不仅仅具备电视人的艺术修为，也具备电视经营人员的市场嗅觉，也具备电视技术人员的基本技能，更重要的是，他们还拥有法律工作者的素质和技能，在此，我们重点分析一下这个层面的涵养。让我们先看一份电视剧采购合同的样本：

电视剧播映权转让合同

购　　买　　方：_____

地　　　　　址：_____

传　　　　　真：_____

电　　　　　话：_____

转　　让　　方：_____

地　　　　　址：_____

传　　　　　真：_____

电　　　　　话：_____

授　权　范　围：_____

首　播／重　播：_____

每部播出次数：_____

电视剧名称：_____

总 许 可 费：_____

集　　　　数：_____

语　　　　种：_____

付款时间： 母带交付之日付清许可费，共计____元。

转让期限：_____年____月____日始，_____年____月____日止。

转让方与购买方本着互惠互利、公平公正的原则共同订立以下标准条款和条件，作为约束双方的准则。

1. 转让方是《_____》剧的全部版权拥有者及全权代理发行人，该剧发行许可证号为_____，购买方承认并接受电视剧播映权转让协议所列的条件与事实。

2. 转让方仅授予购买方在授权地域内的无线电视播映权与有线电视播映权以及购买方建立的网站上的播映权。该转让没有包含该剧剧本内容、不给予购买方对该剧的修改、删减等其他权利，不包含中文普通话以外的其他语种版本，也不包含转让方发行的家庭录像带、VCD、LD、DVD及未来可能出现的一切音像制品的任何权利。

3. 购买方除支付_____剧的播映权费用外，需向转让方支付该剧相应的磁带费、复制费及邮费等有关费用。本剧的磁带费、复制费及邮费总计_____元，在提取母带之日一次付清。

4. 本转让协议中的无线电视播映权不包括卫星电视播映权，在_____剧转让协议生效一年后，购买方有权向转让方申请卫星电视台播映权。经转让方授权，购买方才能获得此项权利，未经申请授权，购买方无权行使此项权利。

5. 如_____剧因与政府法律法规或某一时期政府临时调控措施相抵触而被禁止播映，转让方有权中止此协议，并退还相应的转让费用。如该剧因所有权方内部发生版权纠纷而可能影响购买方的播出，转让方需退还购买方全额转让费，并给予购买方转让费用总额的_____%作为赔偿。

6. 购买方在签订此协议时即付转让费总额的_____%作为定金，在提取母带之日即支付转让方转让总额的_____%及其他费用，剩余的转让费总额的_____%费用，在购买方首轮播出完成后，并在该剧整体平均收视率达到_____的_____%这一指标后付清。转让方保证交付的母带满足购买方播出的全部技术指标要求，如有质量问题应及时给予补救，并退还转让费总额的_____%

作为购买方播出损失的补偿。转让方同意将上述款项汇入转让方指定账号_____，开户行_____。

7. 购买方应配合转让方共同处理盗版等侵权事件，转让方对购买方的帮助给予经济的补偿。具体补偿标准另行协商。

8. 转让方有义务配合购买方的宣传工作，并提供_____剧的版权证明及相关材料。

9. 购买方在授权期满后，由转让方收回该授权，购买方不得再以任何形式进行播出。

10. 违约条款：转让方与购买方的行为均受此协议约束，双方应自觉遵守各条款的规定，任何一方违约均要承担其法律和经济责任，双方约定，以总许可费的20%作为违约处罚金。

11. 此协议未尽事宜由转让方与购买方协商解决，如发生纠纷将适用中华人民共和国法律，解决地为_____，争议解决方式为_____。

12. 此协议作为标准条款和条件，双方应共同遵守，盖章、签字之日即时生效。

13. 此附加条款与播映权转让协议一式_____份，购买方与转让方各执_____份，具有同等法律效力。

购买方（盖章）:_____　　　　转让方（盖章）:_____
法定代表人（签字）:_____　　　　法定代表人（签字）:_____
_____年____月____日　　　　　　　　_____年____月____日
签订地点:_____　　　　　　　　签订地点:_____

我们逐一解析一下这份合同中的重要条款：

第一，【《电视剧播映权转让合同》】——在这个合同的标题中，关键词是"播映权转让"，为什么是"播映权"，而不是"版权"？——"版权"，指的是创作者对其创作的艺术（文学、音乐、美术、舞蹈、雕塑、影视等）作品或是科学作品等依法享有的所有权，这个权利包括作者对其拥有的产权、修改权、出版转让出租使用等权利，也称著作权。所有的电视剧生产方都是版权所有者，电视台的播出仅仅拥有对其作品的使用权,所有的电视剧采购,都是采购的电视剧在限定时间内的播出(仅限于使用)权。

第二,【1. 转让方是《＿＿＿＿》剧的全部版权拥有者及全权代理发行人,该剧发行许可证号为＿＿＿＿】,采购人员在与版权方前期接触的过程中,必须首先且重点注意版权方的版权结构,因为当前的电视剧生产制作,参与机构相当多,有一部分电视剧直到发行之后,制作单位之间都还存在一定程度的版权纠纷。为了尽量避免版权方的内部纠纷给购买方造成不便甚至损失,采购人员必须先厘清对方的版权所有者的结构及关系。因此,在该协议样本中的第五条,专门针对这样的可能性,设计了相应约束条款:【如该剧因所有权方内部发生版权纠纷而可能影响购买方的播出,转让方需退还购买方全额转让费,并给予购买方转让费用总额的＿＿＿＿%作为赔偿。】

第三,【该转让没有包含该剧剧本内容、不给予购买方对该剧的修改、删减等其他权利】,一般来说,版权方都不希望播出方对自己的作品进行删减,在这一份协议样板的第二条中,就有这么一条对播出方的约束,当然,这是一个可以谈判的条款,并且,大多数电视台都会争取对该剧有一定删减的这个权利,因为这是为将来的节目编播、特别是第二轮播出或者是假期的集中特别编播争取自由度。

第四,【购买方在签订此协议时即付转让费总额的＿＿＿＿%作为定金】,在这一条款中的关键词是"定金",定金指的是"对即将发生的交易进行确定的预付款",这是确认交易的行为,这个行为的目的是排除其他可能存在的交易对象。所以,"定金"是交易完成的一部分,在交易取消时,这一部分已经成为交易的既成事实,不存在变更空间,换句话说,如果"定金"的支付方反悔这个交易,这笔费用,是不能退回的。而与之相对应的,则是"订金",这是与"定金"相反的一个概念,也就是说,在取消交易时,"订金"是能够退还的。因此,采购人员在拟定相关协议时,一定要在这个概念上仔细思考并在谈判阶段谨慎交流。

第五,【购买方在签订此协议时即付转让费总额的＿＿＿＿%作为定金,在提取母带之日即支付转让方转让总额的＿＿＿＿%及其他费用,剩余的转让费总额的＿＿＿＿%费用,在购买方首轮播出完成后,并在该剧整体平均收视率达到＿＿＿＿的＿＿＿＿%这一指标后付清】,这一条款是购销双方谈判的重点和难点,版权方当然是希望购买方一次性付款;购买方当然希望付款越慢越好。这样的条款,都是各取所需，但是，最终也需要取得一个最大公约数，谈判才可能有结果。在这份样本中，采用了当前各类大宗交易中比较常见的三段付款方式，并且在尾款的结算中，购买方也对转让方进行了一定方式的约束，这也是交易双方谈判的结果。电视台采购人员在谈判中，一定要尽全力达到为电视台争取权利最大化，对对方的约束最大化的目的。当然，对方也是这么想的……

（二）节目采购过程中的注意事项

拟定节目购买合同内容，是建立在对很多细节的谈判基础之上的，谈判技巧和能力，以及对相关法律条款的熟悉程度是衡量采购人员是否称职的指标之一。当然，还有对节目内容质量的评判能力、对节目内容在市场上表现的预估能力等。这些能力，是在"预审"这个环节中得以体现的。

审视节目内容和质量，是总编室工作人员的一个基本职责，节目采购人员作为总编室工作人员的一部分，当然也具备这样的基本职能。比如电视剧的采购，采购人员是第一个审看剧目的人，那么，在"预审"中，采购人员需要遵循一些什么样的标准去判断一个剧目是否能够作为选项之一呢？

第一，不能站在个人喜好的角度去给一个电视剧目下结论。采购人员必须清楚自己只是一个代言人，是自己所处的电视台确定的目标观众的代言人，因此，自己个人的喜好，很可能不等于电视台所服务的观众们的喜好。这是身为电视节目采购人员的一个基本前提。

第二，要清楚自己是在为什么样类型的观众选剧目。一个电视台在确定每天的节目播出编排方案时，都是经过对所覆盖地域观众类型的基本归类后做出的。采购人员在制定采购方案初期，就要清楚自己是在为哪一个时段节目编排方案采购节目，不同的时段对应不同类型观众。因此，采购人员的采购目标制定，是建立在总编室未来一段时期内的节目编排方案基础上的。

第三，该剧目中有没有目标观众所在乎和喜爱的演员。

第四，该剧目的质量如何？比如叙事是否啰嗦、台词是否雷人、情节是否不合常理，等等。

电视节目的采购，是一个综合性相当强的工作，对从事这个岗位的人员基本要求就是"一专多能"。对电视行业经营的了解、对电视内容产品的认知、对相关法律法规的掌握等，都直接决定着从业者是否能够胜任。

思考及练习题

假设你所在的电视台需要从北京某公司购买其拍摄制作的15集系列纪录片，并拟在未来六个月内滚动播出，请为本次采购拟定一份协议。

第六章 融媒体环境下电视内容创作的运行质量考核指标

任何一项工作，都应该有衡量其完成质量高低的标准。电视传媒行业也是一样，其运行状态及结果，也有一套质量评判的体系，这就是我们熟知的收视率。但收视率是如何得到的？收视率就是一个简单的数字而已吗？这个数据又意味着什么、包含了什么样的信息？对电视行业的各项工作又有什么指导性的意义？

同时，当电视成为融媒体的一个组成部分以后，其运行质量评价体系又产生了怎样的变化呢？收视率这个数据在融媒体的大环境下，其存在的价值又有多大？融媒体大生态之下的电视节目内容的市场评价指标又有些什么新的内容？

在本章内容中，我们将着重介绍收视率这个指标的所有组成项目，以及这些组成内容对于电视行业市场运作的重要价值。同时，也对融媒体环境中电视行业新的市场运作评价指标与传统的收视率指标之间的关系进行解析。

第一节 电视台运行的收视率体系

收视率是一家电视台的生存之本，电视台所有的生产活动都是围绕取得高收视率这一目标展开的，作为"眼球经济"时代的重要综合性量化指标，它是电视台（或电视频道、电视节目制作公司等）节目制作、编排及修正调整的重要参考依据，同时是深入透视和分析电视收视市场的科学基础，是电视台等机构决策层对节目质量进行评估的主要指标，是电视台的客户——也就是广告商们制定与评估当前及下一步媒介计划、提高其广告投放精度及获得最大化效益的有效工具。

那么，收视率这一数据是如何得来的？电视台的总编部门又应该如何解析这一数据？这个数据对于电视台的运营又能起到什么样的作用呢？

一、什么是收视率

收视率——是指在某一时段内，收看某电视节目的人数（家庭数）与特定区域内电视观众人数（家庭数）总量的百分比。

比如，某地区总人口为300万，在某一特定时间段收看某一节目的人数为15万，那么，此时间段该节目的收视率就是15∶300=5%。

二、收视率是怎么得到的

收视率的统计，不是电视台自身操作完成的。收视率数据的采集与处理，都是由专业的市场调查企业来进行。在中国，为所有电视媒体提供收视率数据采集、分析等专业服务的企业有两家，一是AC尼尔森，另一个是央视—索福瑞。

（一）收视率数据的基础研究

收视率的统计手段随着技术的进步不断地完善和改进，其统计结果也越来越精准，首先，收视率调查机构要获取某一特定区域的收视率数据，必须要进行人口统计学意义上的基础研究，也就是要对这一区域的人口总量、人口年龄构成、人口职业、性别、收入状况分布等指标数据进行精确统计。

同时，收视率调查机构还必须对可能会对这一地区的观众收视行为产生影响的各种因素（比如：用户属性——也就是该电视用户是有线电视用户还是网络电视用户、各种不同类型收视设备的拥有及分布情况、各个电视频道的覆盖范围及被调查者的生活习惯、消费习性等）进行抽样调查。

基础研究是收视率调查统计的理论及实际操作的基础，其获得的数据是收视率调查中选取调查样本的基础依据，这是保障收视率数据科学、合理、准确的根本！

完成某地区人口统计数据的基础研究之后，收视率调查机构就会进行调查样本的选取，"调查样本"是一个统计学专业概念，它指的是从满足特定调查目的所有的、全部的总体里，按照一定的科学、合理方法抽取的一批能够代表总体特征的，用以作为访问或调查的对象。在收视率的调查中，调查机构首先要确定其调查的范围是什么，针对什么样的总体目标进行调查，也就是前文所述的基础研究的内容。之后便是从这样的范围中，选取能够最大范围代表总体特征的数个个体作为抽样调查的样本。

一般来说，电视收视率调查的对象是拥有电视机的居民家庭中的所有4岁以上的人口。调查机构通常会在某特定区域确定若干个调查样本（城市网中，一万户仅有一户能够被抽样选中）。这若干个样本又分别被划分为不同的调查类别，这些类别又代表着不同类型的推及人口（所谓推及人口，指的是样本所代表的人口总量）比如：女性观众、男性观众、老年观众、少儿观众、高收入观众、低收入观众、高学历观众、低学历观众、城域观众、农域观众等。

（二）收视率调查方法

在确定样本数量后，调查机构将会通过如下手段对样本人口（或家庭）进行电视收视行为统计：

一是日记法：日记法是指样本户中的所有4岁以上的家庭组成成员通过填写详细的日记卡来收集收视行为习惯及信息的方法。

图6-1　专业收视率数据调查提供商央视—索福瑞公司所采用的日记卡

（图片来源：百度）

样本户中每一位家庭成员都有各自的日记卡，调查机构会有偿的要求他们把每天收看电视节目的情况，诸如收看的频道及栏目名称、时间段、收看持续时间等信息详细记录在自己的日记卡上。日记卡上的需要样本人口填写的记录时间周期为15分钟。每一张日记卡总体容量可记录样本人口一周的收视情况。

二是人员测量仪法：这种方法是指利用"人员测量仪"这样一种仪器来收集电视收视信息的方法，这是目前国际上最新的收视调查手段。

图6-2　专业收视率数据调查提供商央视—索福瑞公司所采用的人员测量仪

（图片来源：百度）

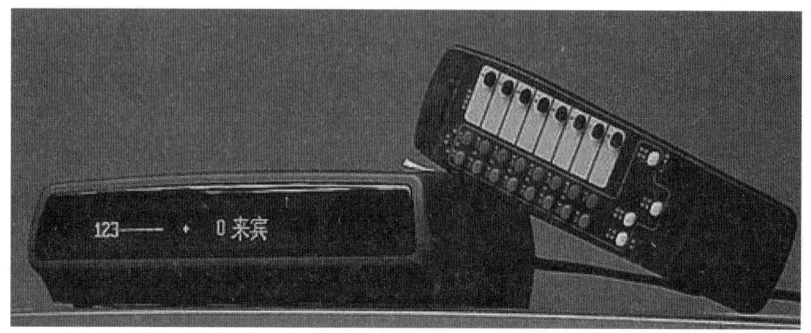

图6-3 人员测量仪及其手控器

（图片来源：百度）

图6-3即为收集样本家庭收看电视节目相关数据的"人员测量仪"。

样本家庭中的每一个家庭成员在人员测量仪的手控器上都有自己对应的按钮，用以记录精准的个人收视信息，同时，手控器上还留有家庭来宾收看电视时专用的按钮。当家庭成员收看电视时，必须先按一下手控器上代表自己的按钮，相当于公司职员上班打卡这样的一个标记性动作，停止收看电视时，再按一下这个按钮。该测量仪就会把各个家庭成员收看电视的所有信息以精确到秒的精度、以一分钟为周期储存下来，然后通过电话线路传送到调查机构的信息采集及处理中心。调查机构经由一系列的数据净化、整理、计算后，便得出某一节目在某一时段的收视率。

以日记法获取样本家庭及人口收视信息，相对于人员测量仪法来说，其成本比较低廉，样本的排除性更小。但是日记法最明显的缺点便是它的最小记录单位是15分钟，有效收视时间一般又定义为8分钟，这样的信息收集间隔周期不可能精准，8分钟以下或者时间更短的收视信息，在日记卡上根本不可能准确体现出来。

因此，当前的收视率数据，基本都是用人员测量仪对特定样本进行采集的，为了使采集精度尽可能的准确，调查机构通常会在一定周期内进行样本轮换，轮换比例大概为2%左右。这样做的目的就是防止样本人口因长期配合收视率调查产生疲劳及厌倦感而导致的数据质量不稳定甚至是下降。

同时，调查机构还要以一年为周期来进行重复性的大规模基础研究，因为从整个社会层面来看，人口组成是一个动态的结构，其整体构成特征会在一定时间内完成自我调整，因此，收视率调查机构必须为样本轮换与调整提供持续更新的人口构成数据分析！

收视率调查机构必须要进行持续的、动态的样本结构检测与调整，必须监测样本的结构特征与总体结构特征是否保持一致。举个例：某一样本人口具有低收入、低消费的特征，在某种条件下，这一样本人口猛然间具有一定经济实力，也不断地增强着消费能力，那么，这一样本就不能推及之前代表着的那样一个群体了。收视率调查机构就必须对这一样本进行必要的调整。

（三）收视率的各项衍生指标及其含义

经过科学的数据收集、精密的加权计算，收视率数据就算是出炉了。收视率是一个相对简单的比值，但是，这样一个数据，却包含着许许多多的衍生指标，这些指标，对于一个电视台（频道）的总编室、决策层以及电视台的客户——广告商们来说，至关重要！那么，收视率数据中包含着什么样的衍生指标呢？身为总编室领导或者工作人员，对这些数据指标又应该如何看待和分析呢？

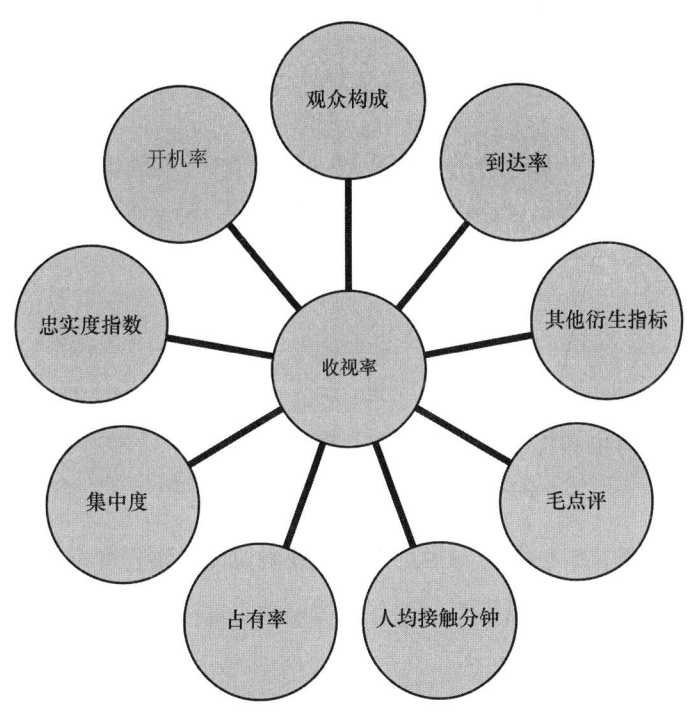

图6-4　收视率数据的基本构成

下面，我们逐一对以上收视率衍生指标的概念和含义进行阐述：

收视率是一个比较容易理解的概念，但到达率的概念却有些模棱两可，且容易与收视率的概念混淆，那么，这两个概念，究竟区别在哪里呢？

1. 到达率

到达率指的是特定频道、特定时期的播出完成后实际送达的不重复的观众人数占所有目标观众人数的百分比是多少。

例如：一个广告片插播三次，共有甲、乙、丙、丁、戊五位观众，第一次甲、乙、丙、丁四个观众看到，第二次乙、丙、丁三位看到，第三次甲、丙、丁三个观众看到，到播出结束时，就总共有10人次看到，但实际被送达的人数只有4人，这里的到达人数为甲乙丙丁4个人。那么，这条广告的到达率就是：$4 \div 5 \times 100\% = 80\%$。

到达率是不考虑重复收看人口的。如果100个人中有5个人看了某节目一次，那么这个节目就得到5%的到达率（此时的收视率也是5%）。如果100个人中还是这同样的5个人看了这个电视节目两次（看了一次重播），那么这个节目得到的到达率依然是5%（但此时该节目的总收视率已经是10%了）。

2. 观众构成

观众构成描述的是"什么样的人在看某一特定节目"，观众构成=目标观众收视率/参照观众收视率。在人口总体构成这个参照系上进行衡量，观众构成可用于标明哪些类型的人群更爱看某一特定的节目。

3. 开机率

开机率——指的是在特定的时间段里，开启电视机并置于任何一个频道的家庭数或人口数占所有拥有电视机的家庭或人口总数的比率。

4. 忠实度指数

忠实度指数指的是目标观众对指定的频道或时段的忠实程度有多高。

忠实度指数=收视率/到达率，这个比值越高，观众对某电视频道的忠实度就越高。

5. 集中度

集中度，又称目标观众集中度，这指的是针对某一节目，其特定的目标观众收视率与所有观众（忽略观众类型）收视率的比值是多大。

集中度=特定目标观众对象的收视率/参照观众（如所有观众）收视率，集中度这个指标可以衡量某电视台的栏目设置定位是否精准。

此比值大于100者为高于平均水平，小于100者为低于平均水平。比如某电视台所有电视人口的收视率为2.4%，而其中某老年类栏目的收视率为3.6%，那么，这个电视台老年观众的集中度就是：2.4%÷3.6%=66.7%，这个比值低于100，因此，该频道的节目定位（比如时段定位）并不精准，需要依据当地老年人的生活习惯再做精细的调整。

6. 占有率

占有率是指在所有收看电视的人口中（不管是收看什么样的节目），有多少人在看某一特定的节目？

占有率=收看某一频道（节目）的观众人数/所有正在看电视人数×100%，或者是：

占有率=收看某一频道（或节目）人/所有看电视的人×100%

比如，在200名被统计人口中，有100名看电视，共有五个频道C1、C2、C3、C4、C5。其中收看频道C1的观众有10名，频道C2的有20名，那么，频道C1的占有率就是10/100×100%=10%、频道C2的占有率就是20/100×100%=20%。

而两个频道的收视率分别是：

频道C1的收视率=10/200×100%=5%

频道C2的收视率=20/200×100%=10%

这就是"占有率"和"收视率"的区别。

这一项指标反映了一家电视台（或其某一频道抑或某一栏目）与其他相似定位的竞争者提供的同类服务中所占有的市场比重。这一指标需要将竞争者的相关数据纳入考虑。市场占有率对于一家电视台来说是一个比收视率可能还更备受关注的指标，一家电视台的收视率可能在绝对数值上不是太高，但它在目标市场上与同类竞争者相比较，其占有的市场比重更大，那么，这家电视台同样就会成为相对局限领域中的佼佼者，这就会被特定的广告客户所看重。举例：一个少儿电视频道，其收视率很有可能远远低于专司播放各种电视剧、新闻资讯、娱乐节目等栏目形态的综合性电视频道，假设这个少儿频道的在一年内的综合平均收视率为2%，这是一个相对比较低的数值，可能在整个电视市场中应该处于一种明显的劣势，再假设，另外还有三家少儿频道与其形成了竞争关系，那么，该少儿频道的市场份额评判标准就应该是与这三家竞争对手相比较，如果该频道在这样的比较中明显胜出，比如，该频道的占有率是5%，那么，少儿用品的广告业主就会毫不犹豫地选择这一频道投放广告——尽管其收视率相对较低。

7. 人均接触分钟数

人均接触分钟数指的是在特定时段，观众每天平均花多少时间看电视（或频道、时段）。人均接触分钟数=收视率×总时段长（分钟）

比如，以全天24小时、每小时60分钟为基准作为总时段数，某地某电视台在这一天的总体收视率为1.4%，那么，这个电视台在这一天的人均接触分钟数就是：1.4%×60×24=20分钟。

人均接触分钟数反映的是某电视频道或节目的强弱势状况。人均接触分钟数越高，该频道或节目就越强势，反之亦然。

8. 毛评点

毛评点指的是在特定频道（或若干频道）、特定时段（或若干时段）的节目或广告在首播和重播的数次播出后获得的收视率之和。

毛评点=第一次播出的收视百分点+第二次播出的收视百分点+…+第n次播出的收视百分点。毛评点主要的功能是用于广告的投放总量以及其投放后的受众关注效果的统计和评价。

9. 收视率的其他衍生指标

收视率除了包含上述指标以外，还有诸如"按户计算的收视率""按人计算的收视率""按时段计算的收视率""按节目计算的收视率"等衍生指标，以及"总收视点""暴露频次""累计成本""点成本"等派生指标。这些指标能够以不同维度来对一个电视台节目的效果进行量化分析。

在这里，我们再简单解释以下几个指标的概念：

暴露频次：这是指在一个较长的时间段内，比如数天、数周甚至数月的一段时间，某一系列性电视节目或者固定时段内播放的广告等，其目标观众的平均收看次数。暴露频次也称为"平均暴露频次"，这是广告商比较重视的一个指标！平均暴露频次=毛评点÷到达率。

比如：有这么一个广告片，它在某一个时间段内在总共播出了三次，假设有A、B、C、D、E这么五位观众，广告播出第一次时，有A、B、C、D四个人看到，播出第二次时有B、C、D三个人看到，第三次播出有A、C、D三个人看到，到这条广告总共三次播出结束时，共有十人次看到，那么，此时广告播出的到达人数就是A、B、C、D这么4个人，人物A看到了2次，人物B看到了2次，人物C看到了3次，人物D看到了3次，那么，这一条广告的平均暴露频次就是这样计算的：

第一步计算广告三次播出的总收视率：4/5+3/5+3/5=200%

第二步计算总到达率：4/5=80%

第三步得出平均暴露频次：200/80=2.5（次）

累积成本也是广告商比较看重的一个指标，这指的是广告商投播广告时在所有媒体所投入的成本之和。

点成本，又称每毛评点成本，这是指在特定的电视媒体投放广告，获得一个收视点需要的成本是多少，每毛评点成本=时段价格/时段总收视率，比如，某电视台在某一时段（按一则广告15秒计算）的广告播出费用为8000元，而这15秒的时段在某一天的收视率为5.3%，那么这一段广告投入的点成本就是：8000元÷5.3=1509元。

点成本可以用来衡量广告时段的性价比的，点成本越低，性价比越高（同时也说明这一段广告的收视率越高）。

以上的概念，大多数是衡量电视台电视节目质量及市场反应的指标，每一家电视台都会透过这些指标来解析自身节目产品，同时，根据这些指标，来分析和追踪相应的市场反应，从而调整自身的节目产品布局。当然有些派生指标不仅仅受到电视台的高度重视，更会受到电视台的衣食父母——也就是广告业主的高度重视，比如前文提到的"暴露频次"以及"总收视点"这两项指标。因为这两项指标就是直接衡量广告业主投播广告的最终效果的。

收视率是一个涵盖了相当多衍生指标的概念，比较复杂，但它确实是电视台管理部门对电视台运行状况进行量化评估的唯一指标，收视率数据虽然由第三方机构提供，但身为电视台节目重要管理机构之一的总编室以及总编室相关的领导和工作人员，却必须对这一系列的复杂数据进行深入的解读分析，从不同的收视率衍生数据中去判断所处电视台生产的节目在编排上是否符合目标观众的收视习惯、节目定位是否符合目标观众的审美习惯、自身节目与竞争对手之间相比优劣何在、自身电视台广告时段编排是否切合广告市场需求、广告投放及编排方式是否科学合理等。收视率永远都是一个动态的数据指标,在风云激荡的媒介市场中,一个电视台的收视率不可能不上下浮动,所以总编部门必须通过对前文所述的收视率包含的各种数据进行科学细致地分析,才能紧跟市场步伐。

思考及练习题

1. 假设本月AC尼尔森交给我们的数据显示,电视台某栏目的集中度为59.3,这个数字说明了什么?

2. 假设某电视台一档叫作《归蜀》栏目本月收视率为4.7%,而另一个电视台的同类型节目的占有率也是4.7%,请问一下,两个电视台栏目的状况哪个更好?为什么?

第二节 电视台收视率数据和网络大数据之间的关系

一、收视率和点击量的区别

当前,人们观看各类视频节目的渠道已经从传统的电视机大量分流到了各类视频网站,不管是PC,还是移动终端,都已经成为人们观看视频内容的主流渠道。这些渠道由于数据传输技术与电视存在的差别,其观众收看节目的相关信息数据的采集就和传统电视收视率统计方式存在本质上的差别。

人们通过互联网收看视频内容,其收视信息数据主体叫作"点击量",点击量也称点播量。点击量(Page View,简称PV)是衡量网站流量的一个指标,通常一个IP地址或者cookie对应一个独立的访问者。这是一个非"样本/总量比值"的、很精准的统计数据,它具备"多样性"(也称多变性)和"高速率"(指数据输入输出的速度)以及精准数据采集(数据来源于所有调查对象,而非其中一部分)的特征,具备此特征的数据就可被视为大数据(至于这个大数据需要具备多"大"的体量才能被称为"大数据",当前业界还尚无一个比较确定的标准)。

互联网视频播出平台的收视数据不同于传统收视率数据的另一个方面就是前者是实时的，后者的产生是具有一定周期的。在网络视频播出平台上，收视数据还具备可共享、可交互的特征，比如优酷，其单个视频的收看数据可实时共享在用户客户端之上，简单直观。

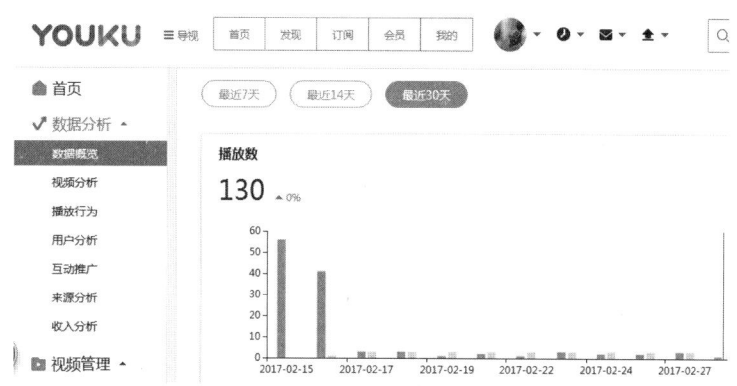

图6-5　视频网站播放数据之一

（图片来源：优酷）

视频网站优酷客户端的视频播放数据分析，不仅包含该视频播放的精确次数，还包含每一次播放的具体时间，视频是否被完整播放，或者被播放的具体比例等。图6-6就是这个网站的视频播放数据。

图6-6　视频网站播放数据之二

（图片来源：优酷）

图6-6中囊括了在某一时间段内该视频的总播放次数，以及观看该视频的具体人数（不同的IP地址数量），总的播放时长，以及平均播放完成度和人均播放数，数据

非常精准详尽。

日期	分终端设备	播放数	播放人数	播放时长	播放完成度	人均播放数	平均播放时长
汇总	--	114	24	169.58	--	--	--
平均	--	10	2	15.42	61.2%	--	--
2017-02-26	Mobile	2	1	3.67	100%	2	110
2017-02-24	Mobile	2	1	3.67	100%	2	110
2017-02-23	Mobile	2	1	3.67	66.67%	2	110
2017-02-23	PC	1	1	1.83	33.33%	1	110
2017-02-22	Mobile	1	1	1.25	68.18%	1	75
2017-02-20	Mobile	2	2	2.42	65.91%	1	72.5
2017-02-19	Mobile	1	1	0.33	18.18%	1	20
2017-02-18	Mobile	3	3	4.83	87.88%	1	96.67
2017-02-17	Mobile	3	1	2.83	51.52%	3	56.6
2017-02-16	Mobile	41	6	60.75	40.41%	6.83	88.9
2017-02-15	Mobile	56	6	84.33	41.07%	9.33	90.36

图6-7　视频网站播放数据之三

（图片来源：优酷）

这个报表的亮点就是从这里可以看出视频用户观看该视频的终端设备类型（比如从图6-7可以看出，除了2017年2月23日是以个人电脑播放外，其余时间该视频都是通过移动终端进行播放的。用户行为清晰度可见一斑。

但当前电视行业所采用的通用的收视率数据并不属于大数据。因为收视率数据是在传统统计学意义上抽样调查（数据采集来源于调查对象中的一小部分）的基础上产生的，其采样的样本也是人为认定的。对于当前视频内容传播方式革命性的进步，传统收视率数据依然满足不了"大数据时代"对数据的精准的、大体量的需求趋势。融合大数据与传统收视率数据，继而形成更完整、更规范的数据采集流程，以及更精确更全面的数据生产及使用，已成为当前视频生产、播出产业界关注的热点和未来的可能趋势。

其实，收视率与点击率之间还有一个很本质的区别，那就是在采集方式的科学性及准确性的保障上的区别。如前一节所述，收视率调查是基于调查机构征得调查样本户或是样本人口的配合后才能取得的，人为因素成为此类调查方式中最大的一个不确定因素。

在收视率数据采集过程中，会有一个问题不可避免，那就是，符合各项指标特征的样本户是否愿意配合，或者是否配合得到位。在数据采集手段还处于非电子化的时期，专业收视率数据市场调查公司的调查人员通常会随机行人进行问询，但这样做的结果就是会被不少人拒绝，或者得到可能并非具有实用性的回答和数据信息。到了可以安装人员测量仪进行收视率数据采集的时期，又有相当多的人对在自己家里安放一个收视记录仪抱持一种拒绝的态度。因此，即便在国内社会经济文化较为发达的地区，分层抽样到具体的家庭样本户时也不再采用随机方式。最后能够配合数据调查取样的样本户往往都是素质较高、思想比较潮流开化的家庭，在这样的情况下，收视率数据采集的样本，其对推及人口的代表性究竟有多强，这就成为一个比较难解的问题了。

二、电视收视率数据与网络点击率数据的共存

尽管收视率数据统计在技术上有一些需要克服的问题，然而，网络点击量与收视率却也不能如此简单粗暴的进行优劣对比。网络点击量反映的是在网络上收看视频内容的人次数，而电视收视率是到达率（收看人数）和忠实度（收看时长）的累积，表现的是单位人口收看节目的时间数，而不是单位人口收看节目的次数。因此，这两个指标其实各有自己的可取之处，收视率指标体系中的衍生指标毛评点（GRP）是以"到达率"和"暴露频次"两个指标进行综合计量，这个指标常被用于衡量短时长的广告内容播出的收看情况，并更接近统计单位人口收看次数的标准。当前，虽然电视收视数据的样本绝对数量相对于总体来说相当小，但它却更能反映收视市场观众行为的真实情况，尽管数据精准性没有网络点击率那么强；而大数据由于在整个视频放送行业内数据还没有实现真正意义上的共享和融通，当前还只能反映收视市场局部情况。因此，融合大数据与传统收视率数据，现在已经成为行业内较为通用的解决之道，也就是采用大数据透视局部状况，小数据来折射收视市场的整体面貌。

从长远来看，基于抽样调查这一手段的收视率数据收集，必将发生某种革命性的改变。以传统的电视观众为对象的传统收视率数据采集调查在反映电视这一载体的延展价值上还需要根本性的创新，我们可以称之为"收视率数据2.0"。从某种意义上说，电视的"互联网+"时代已然来临，但"收视率数据2.0"的时代还尚待时日。

思考及练习题

请参阅网络上各类关于收视率及网络点击率的文章，思考并阐述视频栏目在电视和网络空间同步播出后，收视率数据和网络点击率数据哪个更有参考价值。

第三节 利用收视率和大数据为频道运营工作服务

一、收视率及网络大数据引领电视内容创作及管理

从对象来看，这些数据可以针对电视台这个整体进行表述，也可以针对一个频道，也可以针对一个栏目，也可以只针对广告部门……那么，总编该如何利用这些数据呢？这些数据，又是如何影响相关运营工作的呢？

首先，如果你是总编，必须将收视率分析工作作为一个常态，你需要以"日""周""月""季度""年"为单位，做出不同类型版本的《收视率分析报告》来，这就是收视率日报表、周报表、季报表、年报表。这类报告可能由收视率数据调查公司具体制作，但作为总编的你，必须知道如何解读这类报表所承载的数据，必须明白这些数据意味着什么。

身为总编的你，还必须贯彻"知己知彼"的传统竞争策略，因此，你不仅仅要对自己所效力的电视台的相关数据进行精准分析和解读，还要对竞争对手的相关数据进行同样的分析，这样才能科学准确的定位自身在市场上的坐标。

常态化，是这一类报表的一个基本特点，因此，这一类报表都是很模式化的、具备一种常态格式的。而且数据指标的表达相对比较简化和直观，其基本思路就是要从时段、栏目类型、频道间对比等几个方面来反映你所效力的电视频道在一定周期里的收视状况。一般来说，短期的报表（如日报表和周报表）都不会得出什么明确的结论，只呈现数据状态即可，但长期性的报表（如季报表和年报表）就需要对数据进行结论性分析了。

二、收视率相关数据报表的组成

下面，我们来看看各类以频道为单位的收视数据报表是什么样子：

频道收视数据日报表（各频道间数据对比版本，来源：CSM）

（请注意在这份报表中，不仅仅有当天本台本频道的收视数据，而且还将能够与本台形成直接竞争关系的各个台或频道的数据进行了呈现，这就很直观地将本台在同类市场中所处的地位表现出来了。）

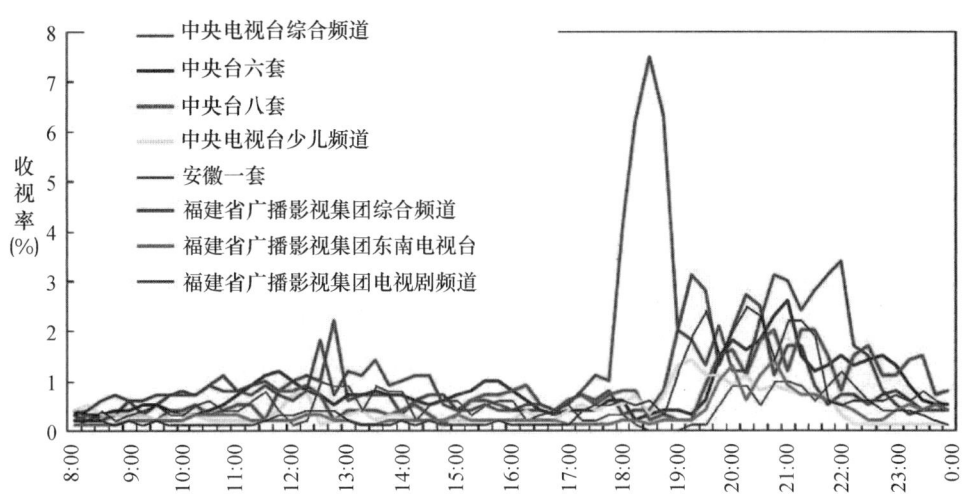

图6-8 频道收视数据周报表（频道自身收视表现版本）

（图片来源：CSM）

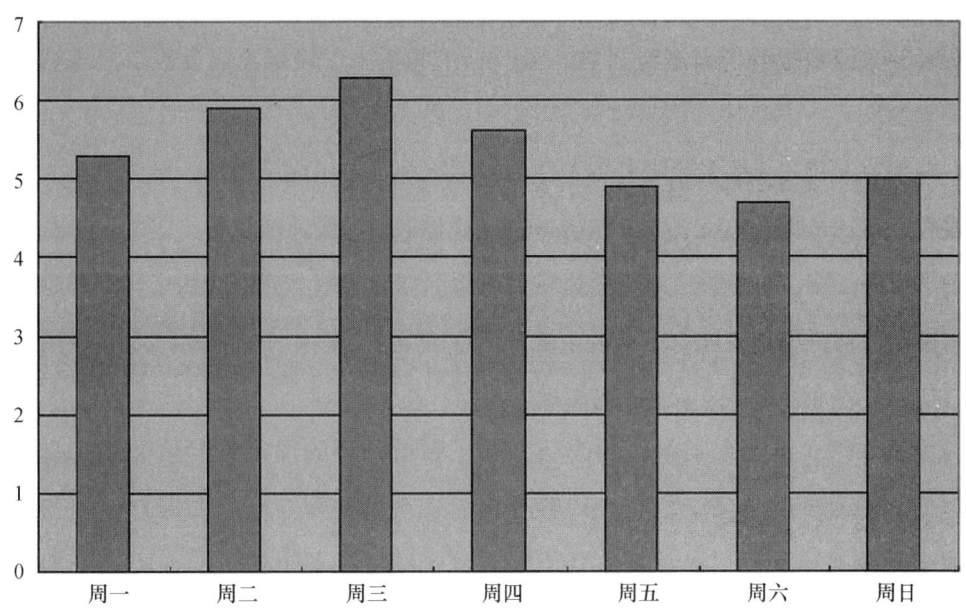

图6-9 频道收视数据频道内数据周报表

（图片来源：CSM）

可以看出，常规性报表都在内容上都尽量简化和直观，但总体上来说，这些报表都会以不同参照系（比如不同频道间的对比数据、不同栏目间的对比数据、自身频道

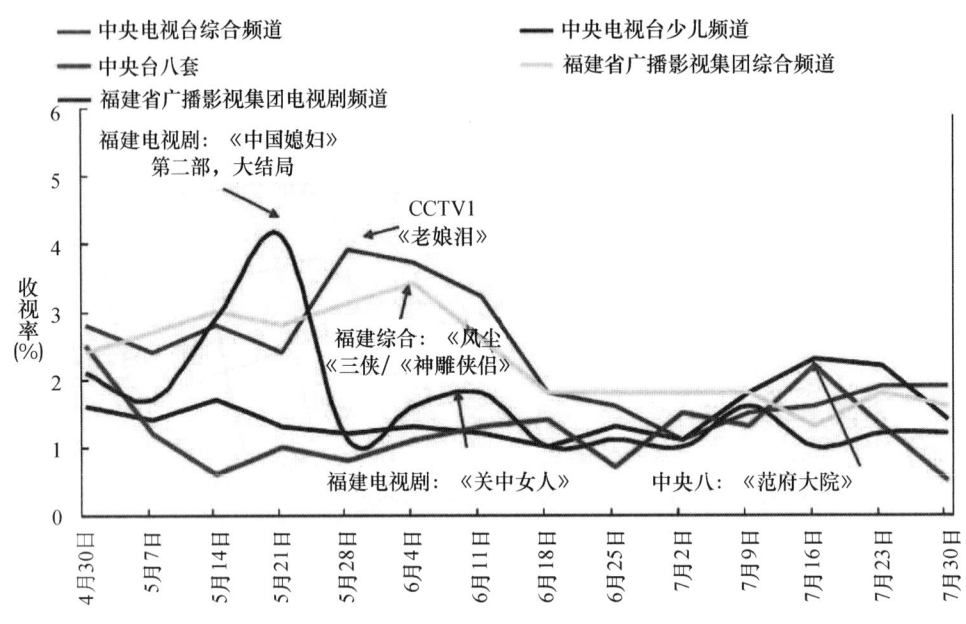

图6-10 频道收视数据不同台及频道对比数据日报表

（图片来源：CSM）

或栏目的独立数据等）来进行表述，图6-10中的报表仅仅是不同参照系报表类型中的一类。

在频道运营中，整个频道和各个栏目的运行都不是一成不变的，微调或是大规模调整频道或栏目品牌包装、内容结构——也就是俗称的频道或栏目"改版"——就是一种常态性工作，一个频道或是栏目是否改版、何时改版、如何改版……这都需要总编室提供前文所述的各种数据及其结论来进行决策支撑。而对于改版的及时准确的效果评估，更应该是总编室需要及时跟进的工作。

一般来说，电视台某频道的改版，除了频道自身的形象包装风格会有改进升级以外，更重要的是各个栏目在内容结构、表现风格等方面的改进升级。在频道改版进行到一定程度后，总编室就需要对整个频道和各个栏目的改版效果进行评估了。

如下：

首先，需要对整个频道在改版前后自身的平均收视率做一个比对（图6-11）

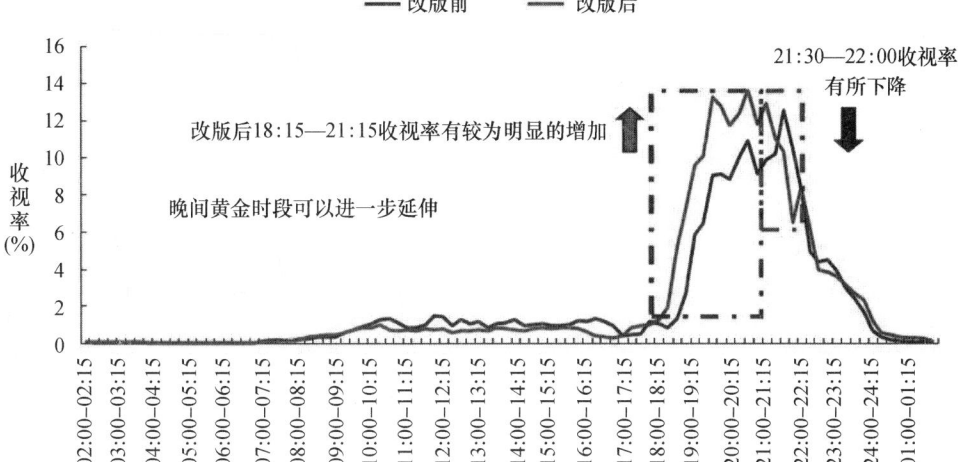

图6-11 频道改版前后频道自身收视率对比

随后,将改版前后频道间的收视率对比数据做一统计(图6-12)

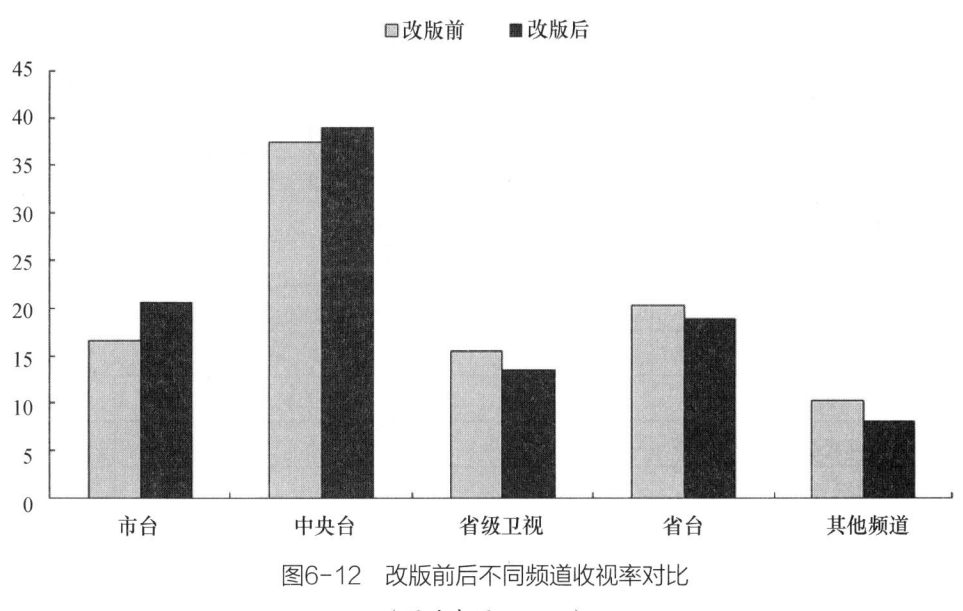

图6-12 改版前后不同频道收视率对比

(图片来源:CSM)

进而对本频道不同类型栏目改版前后的收视数据进行比对。

表6-1 改版前后频道内不同栏目收视率数据

类别	改版前	改版后	增长幅度
电视剧	13	15	15.4%
电影	12	2	0.0%
法制类	0	0	0.0%
其他	3	4	33.3%
少儿节目	0	0	0.0%
生活服务	1	1	0.0%
外语	0	0	0.0%
新闻/时事	2	4	100.0%
音乐	0	0	0.0%
专题	1	2	100.0%
综艺	0	0	0.0%

（表格来源：CSM）

然后是将频道在改版前后的市场份额（占有率）进行比对，以及收视率和市场份额的综合走向。

表6-2 改版前后市场份额数据对比

排名	改版后			改版前		
	频道	收视率(%)	市场份额(%)	频道	收视率(%)	市场份额(%)
1	新闻频道	1.34	12.07	新闻频道	1.11	9.31
2	央视八套	0.79	7.11	央视八套	0.72	6.04
3	央视综合频道	0.65	5.84	央视综合频道	0.58	4.88
4	央视六套	0.51	4.63	省台频道B	0.57	4.79
5	都市频道	0.51	4.61	湖南电视台卫星频道	0.55	4.6
6	省台频道A	0.46	4.14	央视六套	0.54	4.5
7	安徽一套	0.46	4.11	省台频道A	0.52	4.33
8	省台频道B	0.44	4.02	江苏卫视	0.5	4.2
9	江苏卫视	0.44	4.01	央视五套	0.5	4.19
10	央视五套	0.41	3.67	安徽一套	0.44	3.65

（表格来源：CSM）

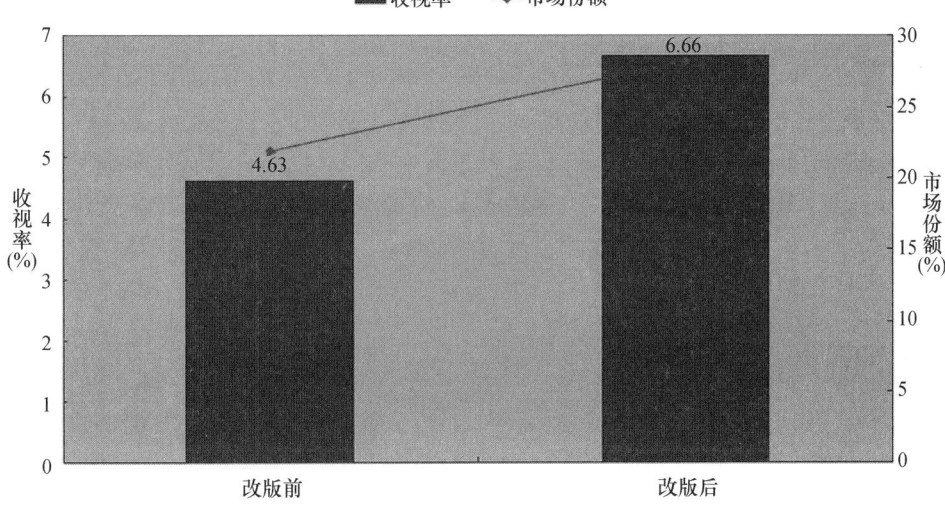

图6-13 改版前后收视率和市场份额双向对比

（图片来源：CSM）

以上是总编室以一个频道为单位而进行的数据表述，且基本没有任何主观的结论性表述。但总编室的重要工作却恰恰在于需要对相关数据得出某种结论，这样才能为决策者的决策或是判断提供直观的依据，缩短决策和判断时间，降低决策成本。

图表式的数据呈现方式很直观、简洁。但单个图表的信息承载量有限，且不太利于数据分析结论的详细表达。所以，身为总编的你还必须将图表数据与文字分析结合起来。特别是对于更为微观的，也是一个电视频道最基本的组份——电视栏目，总编室对其进行运营分析时，更应该采用这样的方式。但对于一个栏目来说，绝对不能够只以收视率这个单一的、综合性的数据来参与运营工作，而是应该将收视率数据拆分开来，将其衍生指标全部纳入运营工作中。

针对一个栏目的运营而言，对于观众构成的分析可能比收视率本身还重要。有一些电视栏目，其收视率的绝对值不一定很高，但它却很受广告商的青睐，这就是因为其目标观众定位非常精准，观众集中度非常高，而其目标观众定位又恰好与广告商的目标客户高度重合，因此才有了这样的运营效果。

下面我们以一份栏目观众构成分析来举例说明：

××电视台《××栏目》观众构成分析报告（范文）

《××栏目》的播出时间为每周五晚21：00 — 21：45，其中21：13 — 21：15以及

21：30—21：32分别插播两次广告。本报告为该栏目自××××年×月至×月期间，共×期节目播出后的平均收视数据。

第一部分：《××栏目》××月至××月期间观众构成（图6-14）。

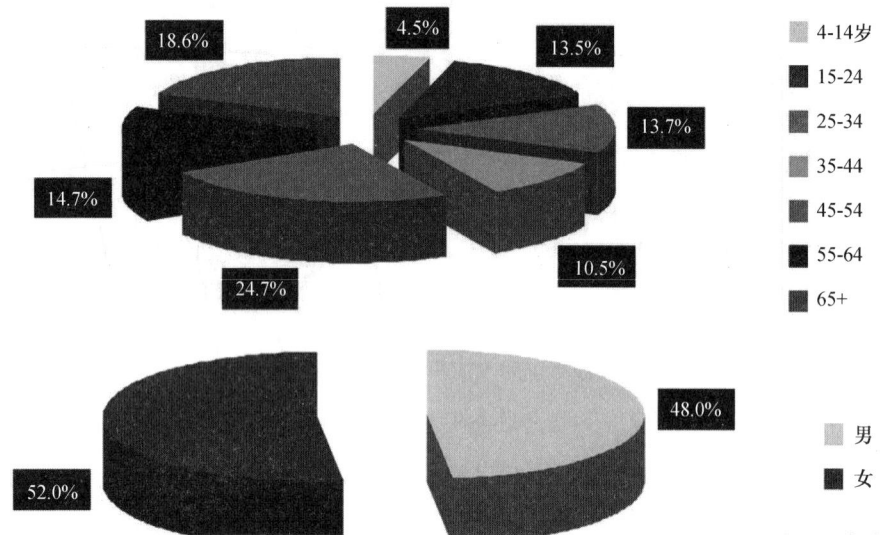

图6-14 《××栏目》月度观众年龄构成、集中度及收视率数据

（图片来源：CSM）

表6-3 《××栏目》观众性别构成月度数据

单位	观众构成		集中度(%)		收视率(%)	
目标	2005-12-1至2006-1-31	2005-10-1至2005-11-30	2005-12-1至2006-1-31	2005-10-1至2005-11-30	2005-12-1至2006-1-31	2005-10-1至2005-11-30
四岁以上所有人	100.0	100.0	100.0	100.0	5.4	1.8
男[性别]	49.2	45.7	93.3	86.7	5.0	1.6
女[性别]	50.8	54.3	107.5	114.7	5.8	2.1
4-14岁[年龄组]	6.6	11.2	79.2	135.7	4.2	2.5
15-24岁[年龄组]	8.9	14.2	41.8	65.9	2.2	1.2
25-34岁[年龄组]	11.2	13.7	56.9	70.2	3.1	1.3
35-44岁[年龄组]	15.4	14.8	94.2	91.2	5.0	1.7
45-54岁[年龄组]	25.5	25.0	143.1	140.1	7.7	1.6
55-64岁[年龄组]	14.0	8.4	183.2	104.4	9.8	1.9
65岁以上[年龄组]	18.4	12.7	209.0	51.1	11.2	2.8

（表格来源：CSM）

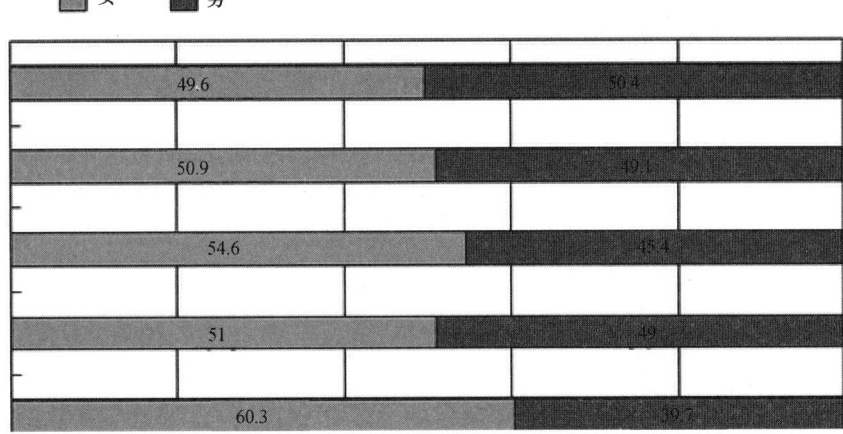

图6-15 《××栏目》观众城乡类别构成数据

（图片来源：CSM）

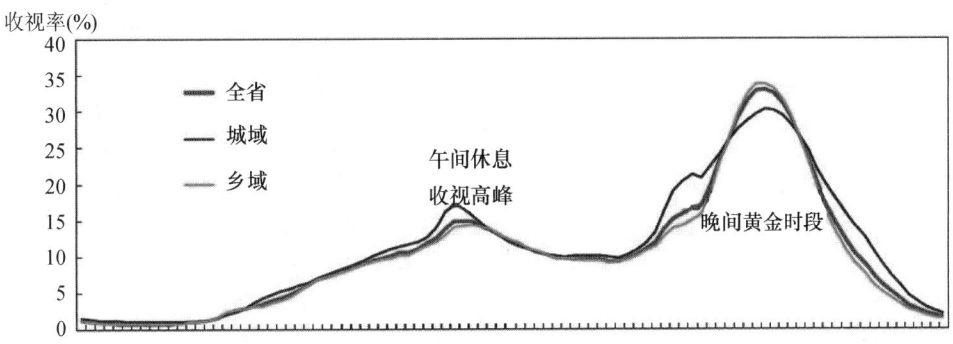

图6-16 《××栏目》城乡观众人均收视构成数据

（图片来源：CSM）

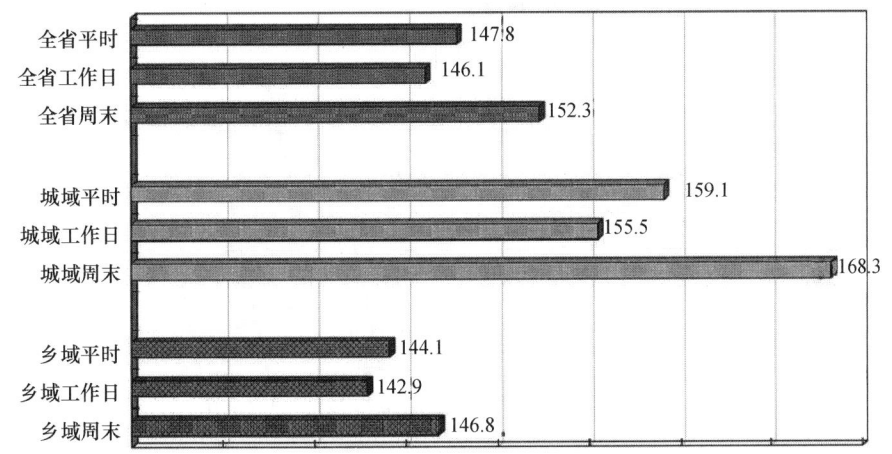

图6-17 《××栏目》人均收视分钟数

（图片来源：CSM）

从以上图表数据可以看出，本栏目的观众构成呈现以下特征：

第一，从性别看，女性占据50%以上份额，但男性观众与女性观众的比例悬殊并不大。

第二，从观众年龄看，中年偏上年龄人士占据较大份额。

第三，从观众地域分布来看，城市区域的女性观众占据较大份额。

第四，符合前三项条件的观众集中度较高。

可以看出，本栏目观众集中度最高区域是45—65岁的女性，其集中度数据高达140—200（注：从第二章第二节第三小节中，我们已经知道，集中度=目标观众收视率÷总收视率。集中度大于100，说明栏目观众定位精准，数值越大，精准度越高，反之亦然），虽然该栏目收视率数据偏低，但城市区域中的观众在周末区段，人均收视分钟数很高，综合该栏目"观众集中度"和"人均接触分钟数"两项数据，可以得出如下结论：

第一，本栏目目标观众（城市区域45—65岁间女性观众）对本栏目关注度很高。

第二，本栏目目标观众定位很准，除目标观众外，其余类型观众很少关注本栏目。

第三，根据统计部门数据，我市总人口为500万，45—65岁城市女性为30万左右。按观众集中度200、收视率5%的数据计算，该栏目的目标观众收视率大约为10%左右，以此推算，该栏目平均每期收看的人群大约为10万左右的城市区域45—65岁女性观众。

第四，本栏目主要观众群体与广告部客户名单中的××品牌、××品牌以及××品牌的目标客户高度重合。

从以上统计数据来看，该栏目在电视平台和互联网平台上的观众定位基本吻合，但互联网平台用户年龄段明显偏低，介于45—55岁区间，这和55岁以上观众对互联网终端使用方式掌握不够有关系。且从数据判断，该节目的互联网用户基本是通过移动终端观微信平台观看的，也就是说，该栏目的互联网传播源头是我台的受到100万人关注的微信公众号。

结论：

第一，建议台领导考虑将该栏目观众定位做模糊性别界定的微调，不以性别为定位诉求，这样可以拓宽该栏目的广告市场覆盖面，且如此调整具有观众性别分布比例差距不大的现实基础。

第二，建议广告部适度拓展以45岁以上男性为产品销售对象的企业客户。

第三，建议该栏目组对拓展和部分强化以男性观众为对象的节目内容进行可行性论证。

××电视台总编室

以上就是总编室参与电视台、频道以及电视栏目运营的具体方式，总体来说，总编室在这些运营工作中扮演的角色就是一个参谋，其参谋过程的基础是科学数据和对数据的科学论证。所以，身为总编以及总编室团队的成员，必须具备对相关数据的理解和解读能力、对市场与这一类数据间存在的关系要有深刻的论证能力。因为整个电视台或者频道或者某一栏目，其运营的基本战略思路、战术布局，都是要基于总编室的这一类科学的分析报告，因此，严谨、认真、客观，是从事此类岗位的最基本要求！

思考及练习题

首先建立一个栏目组，制作一期节目，上传至某视频网站，并收集本期节目第一天、第一周、第一月在该视频网站上的各项收视数据，完成一份该节目的收视数据分析报告。

第七章 融媒体环境下电视频道的品牌建设、维护和推广

在信息传播速度迅猛、信息传播数量巨大、信息传播类型众多的融媒体时代,一个传媒实体要想在信息传播的汪洋大海里不被大潮淹没,同时还要脱颖而出,就必须拥有自身独特的竞争优势。媒体就是一个生产信息或者传播信息的企业,类似于一个生产或者销售日常用品的工厂或商场一样,媒体如何在消费者心目中建立起一个良好的且持久的形象,这不仅仅是一个战术问题,同时还是一个战略问题。

媒体作为一个企业,从其品牌的表面如何"装修"到"内涵"如何呈现,都是贯穿在其生产经营的全流程当中的,电视台尤其是融媒体环境下的电视台,面对的市场竞争不仅仅来自同类别媒体。电视媒介的生存,正在融媒体生态圈中与多种媒体传播形态于激烈的竞争中共生,其品牌建设比以往任何时候都更重要。在本章内容中,我们将对电视媒体的品牌建设、品牌维护等问题进行全方位地阐述。

第一节　品牌建设的概念

一、什么是CIS

CIS（企业形象识别系统）设计，这是一家电视台整体宣传方案的核心以及总纲，这套系统的含义大概是：将企业文化与经营理念，统一设计，利用整体表达体系（尤其是视觉表达系统），传达给企业内部与公众，使其对企业产生一致的认同感，以形成良好的企业印象，最终促进企业产品和服务的销售。日本著名CI专家山田英理认为CI包含下面两个方面的概念：

第一，CI是一种被明确地认知企业理念与企业文化的活动。

第二，CI是以标志和标准字作为沟通企业理念与企业文化的工具。换而言之，CI系统是由MI（理念识别Mind Identity）、BI（行为识别Behavior Identity）、VI（视觉识别Visual Identity）三方面组成。在CIS的三大构成中，其核心是MI，它是整个CIS的最高决策层，给整个系统奠定了理论基础和行为准则，并通过BI与VI表达出来。

二、什么是MI

比如四川电视台，其企业理念（MI）明确的定位为"中国爱"，四川电视台的大部分节目产品设计，就是围绕着"爱"这个主题来展开的，如《中国正能量》栏目、《让爱做主》栏目等，而相关的推广活动或是临时性现场类的大型电视节目录制，他们几乎也都是围绕"爱"这个主题来展开的。而四川电视台下属的妇女儿童频道，其理念就是"女性的家园、儿童的乐园"，该频道的电视节目产品也几乎是围绕这一理念来开发的，比如《女人故事》《闻香识女人》《女人街》以及儿童节目《亮眼睛》

等。"中国爱""女性的家园，儿童的乐园"就是四川电视台以及其下属频道MI的一部分，也是他们的文化核心，是他们的经营理念，这样一句简洁而有力，同时也充满着力量感，包含着巨大信息量，塑造着清晰形象的广告语，实际上就是从听觉将数以亿计观众的识别神经统一到了一个方向上来。同时，这样一句代表着该台形象气质以及精神内涵的广告语，也能将电视台形象从精神层面上与观众产生共鸣，从而得到根本上的一种品牌认同。其次，电视台员工也会因这样一句号召力极强的广告语而集体产生一种向心力，这无疑是企业文化的重要部分，员工通过这样的系统而对自身企业产生强烈的认同感。

电视台（或是电视频道）总编室在整个电视台MI的确定过程中并非扮演着核心部门的角色，一家电视台MI的出台，往往都会动用到相当庞杂的社会资源，而总编室只是将MI呈现在电视屏幕上的一个执行者，他们的任务是将MI转化为可视和可听的、具体的、形象化的产品，并确保这样的一个产品是观众可读、可理解、可共鸣、可认同的！因此，总编室对外推广团队的具体工作就是打造电视台的VIS，也就是视觉识别系统Visual Identity System。

三、什么是VI

VI就是以标志、标准字、标准色为核心展开的完整的、系统的视觉表达体系。将上述的企业理念、企业文化、服务内容、企业规范等抽象概念转换为具体符号，塑造出独特的企业形象。在CI设计中，视觉识别设计最具传播力和感染力，最容易被公众接受，具有重要意义。

四、什么是BI

置于中间层位的BI则直接反映企业理念的个性和特殊性，是企业实践经营理念与创造企业文化的准则，对企业运作方式所做的统一规划而形成的动态识别系统。包括对内的组织管理和教育，对外的公共关系、促销活动、资助社会性的文化活动等。通过一系列的实践活动将企业理念的精神实质推展到企业内部的每一个角落，汇集起员工的巨大精神力量。

BI包括以下内容：

对内：组织制度，管理规范，行为规范，干部教育，职工教育，工作环境，生产设备，福利制度，等等。

对外：市场调查，公共关系，营销活动，流通对策，产品研发，公益或文化活动，等等。

思考及练习题

1. 中央广播电视总台的CCTV几个字母属于CIS中的哪一个部分？请分析其含义和特点。
2. 列举你熟悉的各种商品以及各个电视台的品牌标语，阐述其内涵和特色。

第二节 "包装"的创作在电视频道品牌建设中的作用

一、屏幕视觉包装创作

在具体阐述这一部分内容之前，让我们来欣赏一组当前较为成功的各级各类电视频道包装案例。

央视新闻频道农历牛年新年特别编排包装方案（台标）（见图7-1）

央视新闻频道农历牛年新年特别编排包装方案（节目导视模板）（见图7-2）

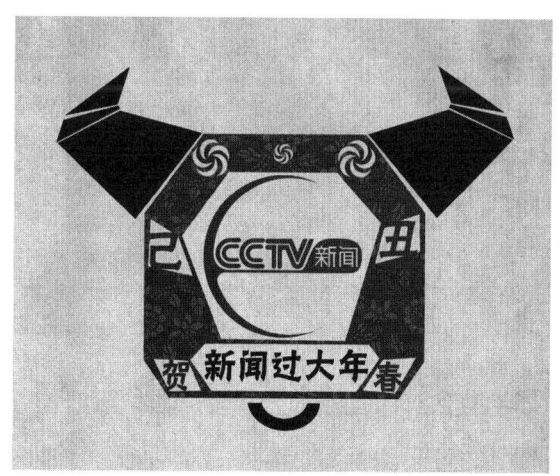

图7-1 央视屏幕包装

（图片来源：央视网）

图7-2 央视屏幕包装

（图片来源：央视网）

图7-3 美国Discovery台标

（图片来源：百度）

首先，电视频道如同普通的实物商品一样，必须得有一个深入人心的"商标"，也就是形象标识，它的作用就是能让观众快速的识别频道，并且在观众心目中建立起固定的频道形象。

其次就是色调，根据频道的定位，确定包装的主色调，以使观众能对频道形象的认知更为深入。主色调可能是单色，也可能是复合色。如央视一套是以资讯类节目为

图7-4 国内部分省级及地市级电视台台标

（图片来源：百度）

图7-5 央视、北京电视台、凤凰卫视、MTV的色调设计欣赏

（图片来源：百度）

主的综合频道，所以其主色调以蓝色为主，从而凸显一种公正、客观、中立、冷静的形象；美国CNN基本也是蓝色基调，其表达的感官印象也与央视具有类似的诉求；文艺性的电视频道在一般情况下多采用的是暖色调，色彩相对艳丽一些，比如湖南卫视，以及MTV、CHANNEL V、TVB8等电视机构等，凤凰卫视是以艳丽黄为自己的主色调，但其旗下的凤凰卫视资讯台同样也是以蓝色为主色调的。北京有线台推出的生活频道，是以淡蓝、淡黄为主的基调，展示纯净、时尚的形象诉求，从而立足于城市观众和青年观众。

所以，频道色调的设计是电视包装的基本要素之一。它的基本要求应该是颜色协调、鲜明、抢眼，但不刺眼，能与整个节目、栏目或频道的基调相吻合，能保持和节目、栏目、频道的风格相一致或给予有效的补充。

二、听觉包装创作

还有就是声音，声音包括语言、音乐、音响、音效等诸多元素。声音在电视包装中起着非常突出的作用，正如一句广告词所言：再好的戏，没有声音也出不来！在电视包装方案及作品中，声音应和形象设计、色彩搭配有机地成为一个整体，无须看到画面，观众就能判断出是什么频道和什么栏目。能够带给观众以亲切感，观众对声音的感知应该是熟悉的，声音的目的也应该是让观众感到是自己的亲密朋友在呼唤自己。

要做到这一点，一是在设计时要让声音元素和表现方式符合频道或栏目定位，力求达到简洁、信息量适中、声音表现方式具有一定艺术高度；二是要让声音元素尽量保持相对的稳定，在使用时间上力求保持长效，因为时间能培养观众，能最终塑造声音的形象品牌。

三、"MI"（理念识别标识）的创作和运用

所谓理念识别标识，本书在前文已有所涉足，在此不赘述其概念，我们可以通过以下一些具体案例，来感受一下理念识别标识对于一个电视频道的重要意义：

图7-6 央视——相信品牌的力量

（图片来源：CCTV）

相信品牌的力量！——这是多么自信且底气十足的一句话！央视是全中国唯一一个国家级电视媒体，其公信力及权威性自不待言，而这样的品牌形象，对于广告客户而言，自然是最具传播力的一个平台了，基于此，"相信品牌的力量"自然也就是最符合央视自身定位的一句标语口号了。同时，这样一句朗朗上口的广告语，使得观众及广告客户也能在自己心中快速地对"央视"这样一个媒体建立起完整的，固定的品牌形象！

图7-7 浙江卫视——活力，打动中国

（图片来源：浙江卫视）

打造"活力"形象，祭出"青春"牌，这就是浙江卫视的基本战略，"活力"一词，不仅是年轻人独有的特征，更是打动年轻人的一剂强心剂。《中国好声音》等王牌栏目的成功推出，更是将浙江卫视"活力"形象推上了一个新的高峰。这样的形象，已经深深植根于年轻人的心中，同时，既然身为卫视，那么，其观众群范围定位就应该是全国性的，因此，"打动中国"就成其理所当然的目标诉求！浙江卫视至少已经用"活力"打动了中国的年轻人！

图7-8　江苏卫视——情感世界　幸福中国

（图片来源：江苏卫视）

《非诚勿扰》《人间》等栏目的深入人心，已经为江苏卫视烙上了一个深深的印记——以情动人！在这个卫视的屏幕上，总是不缺能够触动观众内心深处那最柔软地方的节目内容，许多的观众往往都会将这个传播平台有意识或无意识的看成自己内心情感的家园或归依，这样的一种战略定位不得不说非常的高明，从文化内容传播的基本规律来看，真正能让受众从根本上接受的，一定是能与受众的情感世界产生共鸣的东西，不管这样的情感是何种类型——从这个角度来说，江苏卫视的战略定位是成功的，同时，"情感世界、幸福中国"这样一句标语，也同前文叙述的浙江卫视一样，寥寥八个字，不仅仅准确定位了该卫视基本的内容基调，同时也准确描述了其基本的战略定位！

"快乐"，是人类最基本的生活诉求，也是我们每个人最终极的目标。没有人会不追求快乐，没有人会排斥快乐。快乐，当然也是大多数媒体想要为受众所要营造的基本氛围，湖南卫视的战略定位就是要为全国观众带来快乐：《快乐大本营》《百变大咖秀》《天天向上》《爸爸去哪儿》等栏目，其目的就是博观众一乐！当然，"快乐中国"这更加简洁的四个字，与前文中所述其他两家卫视的基本套路异曲同工，朗朗上口之余，其品牌形象已然高端大气上档次了……

图7-9　湖南卫视——快乐中国

（图片来源：湖南卫视）

图7-10　四川卫视——中国爱

（图片来源：四川卫视）

"中国爱"，三个字，比湖南卫视的"快乐中国"还少了一个字，但这三个字的信息含量却反而更大了一些，最关键是这三个字的双关含义是这几个范例中最强的一个。2008年"5·12"汶川大地震以后，四川得到了来自全国各地的援助，源源不断的爱心涌向这个遭受重创的美丽天府。四川人民，特别是灾区人民，感受到的是一片片浓浓的爱心——正是在这个阶段，四川卫视做出了适时的战略定位调整：以"爱"为基调，以"爱"为基本诉求，以"爱"为电视栏目内容设置的基本归依和主线……《让爱做主》这一档访谈栏目的成功推出，即为四川卫视的"爱"主题定上了一个完美的基调！

四、其他视觉元素的创作和运用

当然,频道形象远远不止受制于上述这些因素,主持人形象,主持人背景,节目内容编排,甚至屏幕上的字体以及文字的色彩等因素,都会影响到观众对频道形象的认知,比如以下范例:

图7-11　央视新闻类节目的主持人形象

(图片来源:央视网)

如图7-11,央视新闻频道新闻播报主持人的形象都是在一个统一的标准下打造的,端庄、知性、权威、干练、成熟、公信力强,就是这个电视频道主持人给观众留下的深刻印象,同时,这也是塑造该频道形象的一个相当重要的元素。

图7-12　央视新闻类节目的屏幕字体

(图片来源:央视网)

再来看看中央广播电视总台新闻频道所采用的字体——在整个新闻频道的字体应用中，黑体字占据了绝对的位置——黑体字给人产生的心理效应就是"严肃"，缺乏娱乐性，没有跳脱的感觉——这恰恰就是新闻频道应该具备的精神气质。

五、以整合化的节目内容包装进行品牌强化

（一）节目片头、片中、片尾的统一整合品牌形象

将整个频道所有节目的片头、片中、片尾进行统一包装。

1. 片头

一般采用"本期导视"的形式。作用是提示本期节目的主要内容及看点，以吸引受众的注意力，降低受众换台的可能性，从而提高了节目的收视率。

2. 片中

对片中的包装主要采用以下两种形式：

（1）字幕与画外音相结合的形式

以"您现在正在收看的是《××》"的字幕与画外音相结合的形式提示观众正在播出的节目名称，简洁明了。

（2）以字幕提示或视频介绍的形式

以字幕或视频的形式提示该节目的下节看点或该节目结束后要播出的内容，以减少受众换台的可能性。央视体育频道18：30的《体育新闻》在播出过程中就不时会出现"下节看点××"的字样，还会用一小段视频提示下段内容。

3. 片尾

片尾的设计一般有三种情况：一是在节目结束前30秒左右，通过字幕形式提示接下来播出的节目以及看点；二是在节目结束后以字幕或者画外音提示"接下来您收看的是……"；三是节目结束后除了进行节目预告之外，再次突出本节目的播出时间及Logo，强化受众对其的识别及记忆。

（1）在节目即将结束时预告即将播出的节目

采用"单节目预告"的形式，在节目即将结束时以字幕形式预告接下来播出的节目；如果该节目是周播节目，还可以采用"双节目预告"的形式同时预告同时段的日播节目。

（2）在节目即将结束时预告下期节目看点

在一档节目即将结束或者结束后以视频的形式预告下期精彩内容，视频中可以利用明星嘉宾、悬念疑问等元素吸引受众的注意力，引起受众观看下期节目的好奇心和欲望。

（3）在节目即将结束时再次提示

节目即将结束时除了预告节目之外，再次提示观众"正在播出的是"××节目"，目的是：一方面再次强调节目名称及Logo，另一方面给未收看前面内容的观众提示"您错过的这个节目叫××。"

（4）画面分割

画面分割是指利用屏幕左边三分之二的画面预告下期节目的播出时间和精彩内容、右边三分之一的画面预告接下来要播出的节目。这种形式目前国内采用得较少。

六、通过节目收视宣传片创作强化品牌形象

节目收视宣传片主要是预告节目的精彩内容和播出时间，通过高密度、高频率的播出，激发受众强烈的期待感并选择及时收看节目。

相比较于字幕形式的节目菜单，节目收视宣传片可以选取本期内容中的精彩部分作为促销广告，形成强大的视觉冲击，以此吸引受众的注意力和观看。"这个节目如何精彩？它在什么时间播出？"这是节目收视宣传片要告知观众最重要的两个信息。

在创作节目收视宣传片时，应该注意捕捉观众收视的"兴奋点"，比如利用明星效应或是观众的猎奇心理。

节目的收视宣传片分为以下几种不同类型：

（一）节目预告片

这种形式主要是选择节目即将播出的一期或几期中的精彩看点作为预告片中表现的主要元素，对受众起到告知和吸引的作用。

（二）节目+品牌植入式的宣传片

一般节目都是由企业赞助或者冠名播出，采用这种"节目+品牌"宣传片的形式，除了宣传节目之外，还可以作为企业品牌的硬性广告宣传。

（四）节目形象宣传片

这种形式的目的在于突出节目的定位、整体风格或者主持人的个人魅力，可长期使用，如《面对面》的宣传片。

（五）打包宣传片

打包宣传指将某一时期的节目打包进行收视宣传，常见的有节假日（新春佳节、暑期等）或者季播节目（如湖南卫视的幸福生活季、金色梦想季等）。宣传片通过整合这些节目进行宣传。强调这一时期频道的编排主题和节目特色，给受众一目了然的印象。

央视新闻频道在2011年新春佳节之际播出的节目打包宣传片突出了主要节目的名称、播出时间和频道Logo，起到了提示观众收看的作用。

那么，选择哪一时间段播放节目的收视宣传片呢？一般来说，有以下几种情况：一是该时间段的受众与被宣传的节目受众契合度较高；二是在被宣传节目的上一档节目即将结束时，以收视宣传片的形式提示接下来要播出的内容；三是在人气节目中间的广告时段中播放，这种情况特别适用于新推出的或收视率需要提高的节目。

七、通过整合台内资源深化品牌形象

利用频道的其他节目进行宣传，可以同时放大几档节目的传播效果，使几个节目之间形成一条节目链，利用时间段和受众群的叠加，最大范围地扩大节目的知名度、曝光度和受众群，并且使用这条节目链之间的广告时间拥有更大的价值。

湖南卫视是这方面运作的典范。"快男超女"活动举办前后，几乎全频道的人气资源都在为其服务。《快乐大本营》《天天向上》邀请选手参加节目，《娱乐无极限》不间断地挖掘台前幕后的消息，不断为活动造势。当然，"快男超女"的火爆，也提高了这些为它服务的收视率。与此类推，安徽卫视在对大剧进行传播推广时，也会邀请嘉宾做客《剧风行动》《周日我最大》《非常静距离》等节目。一方面，通过不同时间段的节目扩大对大剧的曝光，并通过对演员、导演及幕后制作人员的访谈引起受众的好奇；另一方面，利用受众对新剧及明星的关注，提高这些节目的收视率。

八、通过跨媒体整合传播推广品牌形象

除了利用电视媒体，还应根据不同的节目类型所针对的不同目标受众，整合平面、

户外（尤其是城市公交车车身广告）和网络媒体对节目进行跨媒体整合传播。在选择媒介组合时，需要注意该媒介载体的影响力、广告环境、其特征与节目受众的契合度等。

九、利用明星效应提升品牌形象

电视主持人是电视频道一个极为重要的标志，也是传递频道概念、确立频道和栏目特色的重要载体。从观众的角度来说，一名主持人的表现常常成为他们评价一个电视频道或节目的重要依据，也就是说，如果一个电视频道没有让观众印象深刻的主持人，至少可以说这个频道是有欠缺的。

运用明星主持人策略较早并取得成功的当推凤凰卫视。采用"主持人名字+其他"组成该档节目名称，如《文涛拍案》《鲁豫有约：说出你的故事》《小莉看世界》等。这样做，一方面使节目成了主持人展示个人魅力的平台，一方面又使主持人的知名度和人格魅力与节目紧密联系在一起，一荣俱荣，一损俱损。湖南卫视的主持人策略也做得比较有代表性。频道非常注重对主持人的形象包装，主持人自身与粉丝的互动也非常活跃。

此外，在官网和粉丝社区里推出名嘴的个性语录，主持人通过出版书籍、出席活动（如新闻发布会、广告招商、慈善晚会等）扩大知名度及影响力也都是可以考虑的有效途径。

思考及练习题

1. 举办一次班级频道CIS设计比赛，从全部参赛作品中选出一个方案来。
2. 请为本班级所在频道制作三个频道品牌宣传片，时间长度为30秒。
3. 为本班级模拟开设几个不同的栏目，并为其打造符合栏目定位的主持人形象。

第三节　线下活动推广助力电视频道品牌建设

举办具有广泛社会影响力的活动，是电视台增强自身品牌力的一个非常有效的手段。

图7-13 央视中国经济年度人物评选活动

（图片来源：央视网）

"CCTV中国经济年度人物评选"被誉为"中国经济领域的奥斯卡"。这项活动以人物为线索和载体，梳理每一年度中国经济发展的脉络与向，具有中国经济晴雨表的作用。每年年度人物候选人以及获奖者名单的发布，都会吸引国内公众和中外媒体的强烈关注，通过这个名单，人们可以对当年的中国经济"一榜知天下"。

2011年12月12日，央视二套主办的"CCTV中国经济年度人物评选"（以下简称"经济年度人物"）进行了第十二次揭晓，12年的积累与沉淀，已经让该活动为一个无可争议的品牌、一个推广央视二套自身形象的平台，一个能够记录中国经济变迁的标杆。

央视二套频道内部一直将该活动作为重点项目进行推广。为适应市场和媒体环境的变化，2010年的"经济年度人物"活动除了举办颁奖典礼外，还在新加坡、中国香港、杭州、深圳、北京这五个城市举办了15场中国年度经济论坛，不断扩大活动的影响力。该活动在进行对外推广时，充分利用了央视二套多年来积累的通路资源，利用企业传播通路、媒体通路的人际传播通路放大传播效果。

一、利用企业资源来强化自身品牌形象

在2010年的"经济年度人物"活动推广中,央视二套将企业传播通路资源运用得淋漓尽致。

首先,利用企业由于提供商业赞助或者与频道建立的友好合作关系,为活动做免费宣传。万达影院在全国所有院线播放央视制作的广告宣传片,赞助商洋河大曲在其省际、城际调整公路的户外广告中都运用了"经济年度人物"的元素,车辆提供商奥迪不仅在其全国所有的4S店中播放活动宣传片,并且在奥迪杂志和"北上广"机场高速的11个广告牌中大力宣传该活动。

其次,这种企业与频道之间的合作起到的是相辅相成、相互促进的作用。洋河蓝色经典的产品"梦之蓝""海之蓝"系列对"经济年度人物"做免费推广,是因为"经济年度人物"巨大的品牌号召图片和影响力,与洋河自身的品牌形象结合在一起,对其也是一个提升。

二、释放媒体自身能量来强化品牌形象

由于央视二套和"经济年度人物"的品牌价值和品牌影响力,全国众多媒体都愿意通过媒体资源置换或者完全免费的方式为该活动做宣传报道,这种跨媒体的合作可以充分整合各种传播力量,将被动转载转变为主动传播,从而放大媒体自身品牌和该活动的影响力,原因有二。

首先,众多媒体希望得到该活动的专访或者独家报道,并以整版广告或专刊作为回报。例如《新周刊》刊登了"经济年度人物"的整版广告,并且为该活动做了6年的特刊。除了《新周刊》之外,央视二套还向《中国新闻周刊》《经济参考报》《中国日报》《重庆晨报》等合作媒体发放资料。各大主流媒体的合作,搭建了一个极具影响力的主流传播平台,从而在影响力更大的组织联盟范围内取得了更优的传播效应。现在已经有越来越多的媒体加入合作的行列中,希望为自身实现销量与影响力的双赢。

其次,其他媒体由于活动的聚焦效应和广告价值而免费做的宣传,传播效果实现了几何数级的放大。在2010年的"经济年度人物"推广中,包括网络媒体在内全国有60家左右的媒体为该活动做过免费广告,极大地促进了活动的传播。

三、将智力资源转化为传播渠道

意见领袖的口碑传播一定程度上会影响社会、业界、和频道的目标受众对该活动的评价和认知，对"经济年度人物"的传播推广无疑会起到一个促进作用。

从2005年开始，央视二套就把"经济年度人物"这一频道品牌资源与一些媒体、社团组织、高等院校商学院以及行业协会等进行联动，约请机构团体来共同推荐候选提名人，同时在北京大学等多所高校进行了以"创新"为主题的系列论坛活动，让候选人跟大家见面、交流、演讲，其他媒体的总编也进入节目作为点评嘉宾。

通过这些举措，央视二套借力于意见领袖，让专家成为频道的"外脑"，通过专家的意见来引导、影响受众的观点和看法，提升央视二套和"经济年度人物"活动在受众心目中的品牌形象和品牌价值。

思考及练习题

1. 请为本班级所在频道策划一次品牌推广活动，并写出完整的活动策划书。
2. 请观摩若干年前的《超级女声》，分析阐述这样的选秀活动与湖南卫视品牌打造之间的内在逻辑联系。

第四节 将受众本身转化为电视频道形象的传播者

面对着纷繁复杂的需求和需求各异的受众，仅仅用"节目内容"和"节目编排"的力量来锁定观众的眼球俨然已经显得"捉襟见肘"。如何更为有效地吸引受众的注意力，并加强受众对频道的黏性，是专业化频道面对竞争、赢得发展的重要内容。因此，频道应根据受众的特点，主动发起传播攻势，多角度、多层次地满足观众需求，即开展全方位营销。

"全方位营销"是指整合广告、促销、活动、赞助、渠道等多种方式的营销策略。如央视财经频道总监郭振玺先生所言："传播绝不仅仅局限于媒体。"全方位营销旨在建立全面领先的节目推广平台，量身制定活动推广方案，利用强大的频道资源，实现线上线下的联动，并通过建立及时有效的评估体系，实现频道传播效果质的飞跃。

一、栏目内容创作的线下活动化

一档栏目只有吸引受众的参与，才能赢得受众的关注。栏目活动化是通过多种传播平台让受众参与到栏目之中，成为栏目的一分子，从而使其产生情感上的寄托和共鸣，提高对栏目的忠诚度。

湖南卫视广告部主任在谈到如何将栏目活动化时，指出湖南卫视成功运用了"五张网"，即"湖南卫视的资源网+互联网的网台联动+平面媒体的支持+企业自身的营销网+电视DV频道的传播网"，通过线上传播，线下路演等多种方式的结合，扩大栏目的传播力和影响力，获得了栏目品牌效益与广告利益的双丰收。例如《超级女声》就是通过这一方式将一档普通的电视栏目做成了全国观众的大联欢，在提高收视率的同时，掀起了全社会的大讨论，从而实现了栏目的二次传播。

二、借力社会化媒体

新兴媒介的发展使社会化媒体已成为一支不容小觑的力量。社会化媒体指的是能使信息实现互动、分享、交流的媒体，它的内容多来自用户上传，且可以以文本、图像、音乐、视频等多种形式呈现。目前，社会化媒体主要涵盖博客、维基、播客、论坛、社会网络、内容社区六种，传播核心以大众舆论为主，即在媒体设计上能够引起大众参与讨论并相对持续的话题。

可见，作为人际交流的新平台，社会化媒体传播或营销的核心是"关系"，而不是"覆盖"。因此，专业化频道利用社会化媒体的节目营销重在交流沟通，并应利用与受众互动过程中获取的信息，考量和调整频道所要推广的内容。具体方式主要有以下几种：

1. 发布频道及节目信息，打造话题舆论阵地

通过在SNS网站、官方微博、BBS论坛上发布大量频道和节目相关信息，打造节目话题网络舆论阵地，为节目的播出进行预热，并实现电视节目的屏幕外延展。此外，频道应以用户身份实现与受众的主动沟通，从而配合其他节目传播策略，提高频道和节目的关注度。

2. 软文推广，加强造势

通过策划和利用具有新闻价值、社会影响力的事件，实现信息在不同媒体间高频度、密集性的报道和转载，为频道宣传节目或活动造势。

需要注意的是，这里的"具有新闻价值、社会影响力的事件"并不一定是纯正面的信息，也可以适当选取、加工带争议性色彩的信息。例如选秀节目中出现的"煽情作秀""雷人唱腔"等。选取这类信息进行合适的软文推广，对节目或活动的宣传也能起到正面的推动作用。

3. 口碑营销，扩大传播

口碑营销是最强势的宣传手段之一，它能够利用低廉甚至免费的成本，实现传播效果的最大化，为频道和节目带来巨大的价值。例如，东方卫视的《中国达人秀》突破选秀桎梏，结合多样的节目形式和丰富的比赛内容，童叟皆宜，在全国产生了广泛影响，这种正面的影响无疑为《达人秀》加分不少，而节目视频在网络上的热播和转载则进一步提升了节目口碑的积累，带动更多观众收看《中国达人秀》。

4. 加强网络舆情监测，及时化解危机

网络负面信息造成的危机总是非常突然，并且对频道和节目的形象有极大的危害作用，因此，清除这些碎片化的负面信息就显得非常重要。具体来说，可以通过百度关键字搜索，分析媒体舆论导向，在SNS网站、微博或相关论坛里与粉丝交流，了解受众及其他媒体对频道、节目及活动的评价，不断加强对受众心理的把握，力图第一时间消除负面信息的扩大传播。

三、借力事件营销

借力新闻事件进行营销，是指频道通过策划、组织和利用具有新闻价值和社会影响力的人物或事件，吸引其他媒体和受众的兴趣与关注，以提高频道或节目的知名度、美誉度。这种方式具有受众面广、突发性强，在短时间内使信息达到最大、最优传播效果的特点。

2009年由于金融危机爆发，央视二套《经济半小时》栏目在南京、深圳、合肥、连云港等十个城市组织了一次名为"中国经济信心之旅"的巡讲活动，并于2009年4月上旬在《经济半小时》栏目中集中播出，线下活动的造势配合线上节目的宣传，在

社会上产生了广泛的影响。

思考及练习题

1. 请为自己班级所在的频道写一篇网络推文。
2. 请为自己班级所在频道策划一次事件营销的方案。

第五节　针对广告主的品牌推广

针对广告主做频道甚至是全台资源的传播推广，首先要了解广告主想要知道什么。了解的来源除了对国家政策、市场环境、行业发展状况作分析判断外，还有两种途径：与广告主直接沟通，以及与广告公司、媒介购买公司沟通。

一、加强与广告主面对面的沟通

通过这些直接沟通，可以了解广告主的经营状况和媒介传播需求。主要形式有：

联谊推广。有计划地组织与广告主的联系活动，以沟通会、研讨会、答谢宴会、走访活动等人际公关形式与企业、广告公司进行直接有效的沟通。

庆典推广。专门针对广告主举办相关的庆典活动或以优秀企业评选、优秀广告公司评选、颁奖典礼、最佳雇主品牌等形式，加强与广告客户主的互动、沟通、协作。

峰会推广。针对广告主的行业特点举办相关的行业峰会、行业论坛、行业展会等活动，在企业、广告公司中进行品牌的深度沟通、推广。

例如央视的"春耕行动"，深入全国十大区域走访客户，通过行业会议、活动，客户见面会等形式与客户进行深度沟通，为央视根据客户需求设计广告产品提供了基础资料。

二、加强与广告公司的沟通

频道与广告公司和媒介购买公司进行深度沟通，是了解广告客户的传播需求的另一种有效途径。

从2009年开始，央视将每年3月定为"广告公司服务月"，广告经营部门对渠道进行全面的走访和沟通，并且制定了新的渠道发展战略，包括建立更加科学的代理体系，搭建更加顺畅的沟通渠道，提供更加优质专业的服务，建设更加强大的渠道网络，提供更加丰富的有效激励等内容。

通过与广告公司和媒介购买公司建立良好的合作关系，不断强化渠道建设，能够更好地与广告主建立双向沟通，向广告主推广自身的品牌，实现广告创收。

三、揣摩广告主的内在需求

（一）稳定广告主投放电视广告的信心

频道和广告公司、媒介购买公司在对广告主进行传播推广时，首先应该确保广告主对投放电视广告有充分的信心。

新媒体的快速发展和广告主更加重视精准度与终端销售的思维趋向，一定程度上导致广告主的部分预算被分流，但是电视媒体仍然以其他媒体无法比拟的公信力和权威性影响着受众，并且广告量已经出现了向优势、强势的电视媒体"聚焦"的趋势，因此，频道应该不断向广告主传递这样的信息：电视媒体对广告主仍然起着重要作用。

可以采取的策略有：举办论坛、专家访谈、新闻发布会等，对宏观经济环境、媒体广告市场、行业发展态势和受众群体特质进行深入分析，通过市场调查数据展示电视媒体的影响力和竞争力，或通过行业杂志或其他出版物提出品牌观点。

（二）关于该频道及其广告资源的基本信息

广告主需要知道频道的基本信息，如全国覆盖率、频道定位、目标受众群、节目编排、即将推出的大剧和广告形式等。如果是购买硬广告，广告主还需要知道购买该时段所需要花费的千人成本、该时段的目标受众、到达率等；如果是与节目、活动或者电视剧合作，则需要与相关负责人员进行深入沟通。

因此，频道可以通过广告招标会、广告征订会的形式，向广告主和广告代理商集中推介媒体或栏目品牌。

在招标会或征订会上，频道应详细说明全台即将推出的电视剧、季播栏目和其他类型的编排，提供各栏目和活动的目标受众、收视份额、成长潜力等翔实数据，为客户选择提供参考。

安徽卫视某年利用"安徽卫视品牌运营与媒介策略精英班"的召开为资源推介预热。在邀请众多知名专家为广告客户进行培训与交流的同时，频道也向目标客户清晰地传达了安徽卫视的资源优势和产品特点，充分介绍和推广了这个电视台在后一年的大剧、热剧资源等，对安徽卫视近年来的"活动营销"进行解释，并分析了一些企业的成功案例，从而鼓励客户积极参与和投入。

（三）创新广告形式，为客户提供最优方案

频道应从行业定位、目标受众、营销目标等多个维度入手，充分考虑到客户的预算承受能力、不同行业客户的投放需求和客户的营销目标，不断创新广告形式、推出特色鲜明、性价比高的产品集群，实现电视频道与广告客户的双赢。

针对品牌客户宣传自身形象的需求，央视七套曾探索出一套新型的公益广告形式。该广告形式主要是通过大企业提供资金支持，帮助贫困地区客户免费为自家产品做广告宣传，大企业还可以通过产品推介、供求关系对接等方式帮助这些贫困地区脱贫致富。这种广告形式一方面打造了企业投资、农民受益的公益形象传播平台，另一方面将企业塑造成有强烈社会责任感的公民形象。自2006年实施至今，这一形式已吸引了民生银行、中石油等大客户的参与。

思考及练习题

1. 以班级为单位，建立一个公众号，用于传播班中各个小组的视频节目，同时，各小组为自己的节目设计一套节目包装方案，并制定一套推广本小组节目的策划。

2. 制定一套为该公众号广告客户服务的方案，思考如何能让这个公众号的广告客户宣传效果达到最大化。

3. 模拟举行一次广告招商会。

第八章 融媒体环境下电视内容创作的新任务和新形态

迄今为止,电视媒体产业所处的生存环境以及其生存逻辑发生了很大的变化,在这种变化下,只有进行自身的进化,才能适应改变如此剧烈的生态。

融媒体的生态圈给了每一种传统媒体以沉重的打击,同时也赋予了传统媒体一次与新兴媒体形态站在一起共存的机会,在这样的时代背景下,电视行业应该怎样调整自身的思维和状态呢?其奋斗的目标需要做什么样的调整?其存在的方式又需要做什么样的改进呢?本章内容将从电视行业在融媒体时代需要确定新的战略目标入手,配合阐述诸如形态上的调整等手段,来解析电视媒体在融媒体时代完成自身生存和发展方式上变革的理念和方式。

第一节　电视内容创作必须成为融媒体的组成部分

一、兼顾网站和"两微一端"

媒体的融合，从行业发展大势到现在业已完成，电视台在所有媒体形态中的霸主地位已经逐渐淡化，各种新媒体形态及其内容表现形式正猛烈地冲击着电视台原本占据的领土，电视台固有的单向信息传播形态已经跟不上当前新媒体信息交互性强、信息容量巨大、信息来源渠道多元化及非专业化的发展态势。但电视台之于融媒体的基础作用和内核意义却逐渐地加强了。因此，电视台要在新媒体的冲击以及被动融入融媒体环境的前提之下扩展自己逐渐被挤压的生存空间，就必须主动出击——所谓"进攻就是最好的防守"——电视台必须将触角延伸到新媒体领域，利用本身先天具备的技术优势、资源优势，抢占内容制作及发布的新领地，这一块新阵地，就是在电视台基础之上延伸出来的网站和"两微一端"——也就是微博、微信及客户端。

随着5G的商用化，广电系统正式获得5G运营牌照，当前的电视台，已经正式地加入了5G技术应用场景的竞争，电视台不仅仅要坚守原有的一亩三分地（按照既有的运行规则和逻辑运营好"传统"的电视），坚持做好各种栏目的制作及运营，而且还要将生产的内容融入5G技术所支撑的融媒体平台中。

如图8-1所示，在这个网站上，PC端受众不仅仅能够接收电视台发布的所有视频内容，还可以阅读丰富的文字内容。除此之外，央视的"CCTV微视"手机APP，让受众可以在具备无线网络服务的环境下随性接收丰富的资讯，远比从电视机上获取资讯方便快捷。

图8-1　央视网站首页

（图片来源：央视网）

图8-2　央视手机微视APP主页

（图片来源：央视网）

第八章 融媒体环境下电视内容创作的新任务和新形态

图8-3 央视手机微视APP丰富的栏目设置

（图片来源：央视网）

从央视手机微视APP的内容来看，其内容并非央视电视屏幕的简单腾挪复制，这里为用户设计了方便直观的多级菜单，让用户能够快捷的从海量的资讯中选择自己喜欢的内容，甚至在电视屏幕上与主体内容相关的，但没有空间和时间进行推送的相关内容，在这里都能够被完整丰富的呈现，信息量相较于电视屏幕几乎呈指数级的增长。

图8-4 央视APP的社群交互功能（图片来源：央视网）

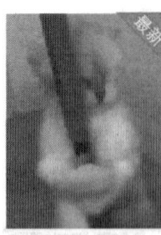

图8-5 央视手机微视APP的微视频界面（图片来源：央视网）

二、满足融媒体平台的交互性要求

APP除去资讯传播以外，还具备交互性极强的社群功能，用户在这个平台上可以获得当下大多社交软件的主要使用体验。

图8-6 央视的微博页面

（图片来源：央视网）

图8-7 央视新闻移动客户端及公众号

（图片来源：央视网）

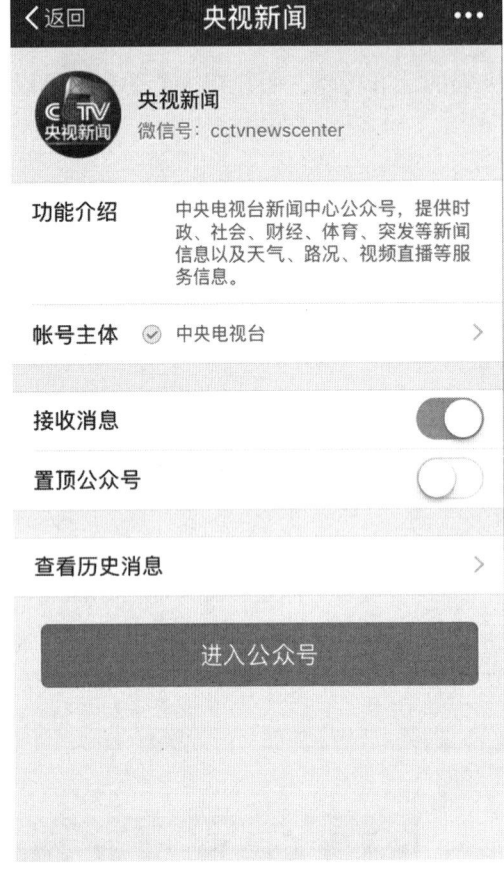

图8-8 《央视新闻》微信公众号界面（图片来源：央视网）

图8-9 《央视新闻》微信公众号的进入界面（图片来源：央视网）

这是央视的微博以及微信公众号。在这里，受众可以接收央视在电视屏幕上播出的正式内容之外的一些信息，并可在这个平台上与信息发布者互动交流。

因此，在"互联网+"的融媒体环境下，电视台除视频内容的生产、交易和播出等传统主体工作内容外，还必须搭建自己的新媒体平台，推送丰富的节目内容、构造电视台与用户、用户与用户之间的交互平台等。

从这里可以看出，当前几乎每一级、每一家电视台除了原有的基本主体业务外，都具备了一个全新定位的职能部门，这个职能部门专司负责新媒体内容的制作发布、平台的运维等工作。这就是电视台新媒体部门——当然，大多数电视台的新媒体部门其业务也都要划归总编室管辖，总编部门也就责无旁贷地成了如管理、协调电视台中新媒体部门和原有的主体业务部门的"总管家"。

思考及练习题

1. 请收集10个以上电视台的双微（微博及微信公众号）内容，并比较这些内容在定位和内容风格上的异同。

2. 请为自己班级的频道开通双微账号并定期更新内容。

第二节　融媒体环境中总编室的新形态

身为电视媒体中"内容主导、品牌维护、运营参谋"三个方面管理者的频道编辑工作总管——总编室，在这个媒体形态发生着深远变革的时代里，其处境与其母体——电视台一样，也在慢慢地发生转变。总编室的职能不再是简单地把传统电视观众作为市场分析对象，也不再是单纯的解读传统的收视率数据。这样一个部门所有团队成员都必须得与其他部门团队一样认真思考：电视这样一个传统媒体，该如何穷追猛赶地跟上这个时代的发展呢？

一、总编室的频道编辑职能要融入融媒体体系

与新型媒介"融合"的第一步是"结合"，如前文所述，将电视台生产的节目内

容在微博、微信公众号、各大第三方视频门户或APP上进行推送,这是最简单的新媒体"结合"渠道——但是,如果仅仅是简单的"结合",恐怕难免会被海量的同质化内容迅速淹没。而更具生命力、更具持续性的方式是"融合"——"融合",是以互联网用户收视习惯为基本导向,以此导向来引导节目生产,而非以传统电视节目制作思路生产电视内容,简单地将传统内容挪移到互联网平台之上(电视剧除外)。简而言之,所谓电视媒体与新媒体的"融合",其实就是电视媒体将自己的角色做一个简单调整,把自身作为播出平台和视频内容创意生产的双重角色转变为以视频内容生产为重的角色,将自己当成互联网视频内容推送平台的节目生产及供应商,发挥自身先天具备的视频内容生产的技术优势,在供给侧发力,以此在互联网海洋中占得一席之地。如果按此定位,那么,电视台的各个栏目组就类似一家工厂的车间,而总编室就是这家工厂的设计室和营销中心——总编室从互联网受众的需求分析开始,再到为其量身设计创意节目内容,再引导栏目生产部门进行常规生产,最后再对这些节目在互联网推送平台的市场表现进行评估——这就是总编室角色在电视媒体与新媒体"融合"时代发生的改变。

二、站在"融媒体"的高度重新定位受众

那么,究竟传统的电视观众和互联网视频平台的观众,在需求和收视习惯上有什么不同呢?

在需求层面,互联网上的视频受众和传统电视节目受众的需求是有一定程度的差别的。首先,当下的互联网视频受众相对传统电视节目的受众而言,年龄层次明显要年轻许多,相对年轻的人群对视频内容(电视剧除外)的需求大致可以概括为这么几个特点:结构精炼(碎片化但信息含量大)、内容时尚(具备时代感且非简单跟风)、互动性强(参与感和融入感强,非单方面的简单接受信息)、表现形式多样(形态上总有某种新鲜感)……

图8-10及图8-11是爱奇艺首页上靠前的视频节目选项,从这里可以基本窥见当前网络观众对除电影电视剧外的视频内容的偏好。

图8-10 爱奇艺网站的综艺栏目导航界面

（图片来源：爱奇艺）

图8-11 爱奇艺网站综艺栏目类型细分界面

（图片来源：爱奇艺）

当前，能熟练使用各种互联网视频推送终端（PC、手机、PAD等）的人群比较年轻化，其观看这些视频的时间，都是工作、学习和其他娱乐之间的空隙，且观看这些视频的空间环境都比较随机，各种影响其观看过程和体验的变量相当之多，也相当之复杂，因此，这类人群在互联网平台上观看视频，不会像传统的电视观众一样，在固定的空间，线性的接受视频信息，他们需要的视频内容一定要能在尽量短的时间内满足其好奇心或是其他某种需求，但又能具备相对丰富的内容营养。这是互联网视频内容观众的一个基础画像，当然这个庞大的群体有着非常细化的、特征更加明确的分支。电视台如果选择将自己的节目制作"融合"到网络推送平台之中，成为网络平台的节目供应商,那就必须对网络观众类型进行精准的细分对标。而电视台总编室需要做的,就是与台内栏目组一起,将生产的栏目内容在网络上的目标观众进行具体定位,一方面,栏目组以当下比较受欢迎的内容形态进行主观的观众目标定位;另一方面,总编室根据市场调查机构的数据(网络受众人群年龄范围、性别比例、各层面经济状况构成、学历构成、城乡构成等数据)来为栏目组的节目制作提供观众定位的科学性的论证。那么,哪一类数据应该是总编室应该着重获取和分析的呢?

中国网络信息中心的一组数据就对全国网民的基本结构和行为特征进行了一番细致的刻画:

从图8-12中可以看出,截至2016年12月,我国网民规模达7.31亿人,这个数量相当于整个欧洲的总人口,我国的互联网普及率现已达到53.2%,超过全球互联网普及率平均水平3.1个百分点,超过亚洲平均水平7.6个百分点,2016年相较于前一年共计新增网民4299万人,增长率高达6.2%。在这个巨大的群体中,以手机为终端的网民规模达6.95亿,较2015年年底增加7550万人,网民中使用手机上网人群的占比由2015年的90.1%提升至95.1%。(数据来自中国互联网信息中心)

图8-12 中国移动端上网比例增长图
(图片来源:CNNIC)

互联网络已经渗透进每个人生活的方方面面,不管是即时通信、社交、购物、金融、学习、工作还是娱乐,互联网都在其中扮演着不可或缺的角色。在海量的互联网用户中,每个人通过互联网期望达到的目的都有所不同,这就是"网民"这个群体所自然形成的不同"部落"。而对于视频生产供给侧而言，这些网民群体的分类以及这些群体的行为特征就是其制作相应视频内容的风向标。而作为互联网视频内容供给者之一的传统电视台，尤其是对于这些电视台的总编室来说，了解和分析网民们的这些细分板块，对其各项结构特征和行为特征进行科学量化的分析，便是总编室除传统电视媒体观众相关数据分析工作之外的一个重要板块，而且，这个板块占据的权重将会越来越大。

三、站在融媒体的角度对电视台运行数据进行分析

首先，得搞清楚在所有网民中，究竟有多少人侧重于通过互联网终端来获取视频内容？

图8-13及表8-1的数据标明，截至2016年12月，中国网络视频用户规模达5.45亿，较2015年年底增加了4064万人，增长率高达8.1%；网络视频用户使用率为74.5%，较2015年年底提升了1.3个百分点。其中，手机视频用户规模为4.9亿，与2015年年底相比增长9479万人，增长率为23.4%；通过手机等移动终端获取网络视频内容的使用率为71.9%，相比2015年年底增长了6.5个百分点。随着5G网络的商用和普及，以及手机使用资费的下调，网民们通过微信、微博等主流APP观看短视频的行为将会变得更加普遍。因此，网络视频内容的生产供给，面对的将会是一片广阔的蓝海。

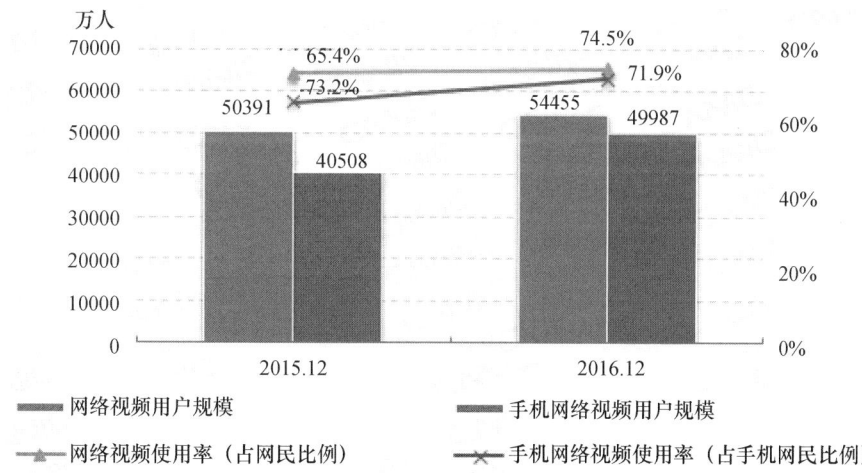

图8-13　中国网络视频用户构成

（图片来源：CNNIC）

表8-1 中国网络产品及其用户构成

应用	2016年 用户规模（万）	2016年 网民使用率	2015年 用户规模（万）	2015年 网民使用率	全年增长率
手机即时通信	63797	91.8%	55719	89.9%	14.5%
手机网络新闻	57126	82.2%	48165	77.7%	18.6%
手机搜索	57511	82.7%	47784	77.1%	20.4%
手机网络音乐	46791	67.3%	41640	67.2%	12.4%
手机网络视频	49987	71.9%	40508	65.4%	23.4%
手机网上支付	46920	67.5%	35771	57.7%	31.2%
手机网络购物	44093	63.4%	33967	54.8%	29.8%
手机网络游戏	35166	50.6%	27928	45.1%	25.9%
手机网上银行	33357	48.0%	27675	44.6%	20.5%
手机网络文学	30377	43.7%	25908	41.8%	17.2%
手机旅行预订	26179	37.7%	20990	33.9%	24.7%
手机邮件	19713	28.4%	16671	26.9%	18.2%
手机论坛/bbs	9739	14.0%	8604	13.9%	13.2%
手机网上炒股或基金	4871	7.0%	4293	6.9%	13.5%
手机在线教育课程	9798	14.1%	5303	8.6%	84.8%
手机微博	24086	34.6%	18690	30.2%	28.9%
手机地图、手机导航	43123	62.0%	33804	54.5%	27.6%
手机网上订外卖	19387	27.9%	10413	16.8%	86.2%

（图片来源：CNNIC）

既然市场空间如此庞大，传统的电视媒体当然也就没有理由无视这个还会继续扩张下去的巨大蛋糕，那么，电视媒体具体应该采取什么样的方式和行动来融合进互联网平台呢？首先，电视台的总编室需要合理定位和选择与之合作的视频推送平台（通过对这些平台的定位进行评估），也就是确认什么样的视频网站定位更贴合电视台所生产的节目定位。

图8-14、图8-15是腾讯视频和搜狐视频两个视频门户网站用户的"年龄""学历""地域"三个指标的TGI指数（所谓 TGI 指数，即目标群体指数Target Group Index，它可以反映特定目标群体在特定的评估范围内，如年龄、性别、学历、个人或家庭经济状态、区域分布等指标。其计算方法是：目标群体中具有某一特征的群体数量÷总体中具有相同特征的群体所占比例×标准数100。例如，将某特定区域内20-30岁的人作为

目标群体，将"在某视频网站观看脱口秀类节目"作为评估指标特征；若该地区20-30岁的人中，有16%的人去过该网站观看脱口秀类节目，而在该区域中的全部人口中（4岁以上所有年龄段的人口），有10%的人去过该网站看脱口秀节目，则该网站在20-30岁人群中的TGI指数是160（16%÷10%×100），这个得数越大，就表明目标群体的吻合度越强。TGI指数表示的是不同类型用户关注度的差异情况，TGI指数等于100为平均水平，高于100，则代表该类用户对某类问题的关注程度高于平均水平，反之亦然）。从这几个TGI指数图表可以看出，关注搜狐视频的人群具备这样一个特征：20岁以下到30岁之间，学历较高（大专、本科、研究生学历人群集中），较集中于北上广等区域以及县级及以下区域。假设某电视台在融合互联网平台的战略中，将网络用户恰好（或意向上）定位在全国县域市场中的高学历年轻人这样一个群体，那么，搜狐视频就是这个电视台最合适的合作伙伴。总编室在做出这个决策的过程中，需要对大量数据进行分析和对比，以及对自身的定位以及制作能力进行充分的评估，才可能做出这个看似简单而直接的结论来。

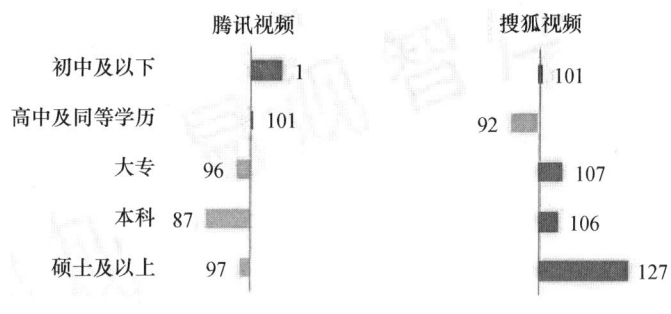

图8-14 网络视频用户构成之一

（图片来源：易观智库）

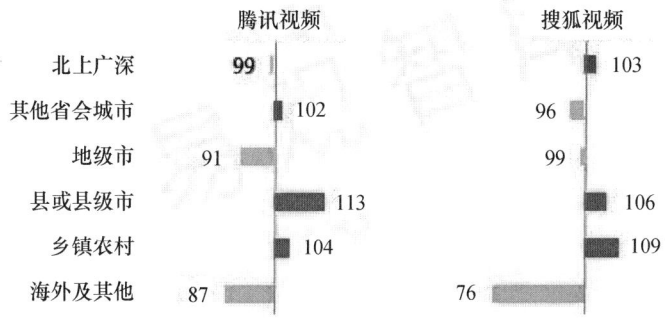

图8-15 网络视频用户构成之二

（图片来源：易观智库）

四、电视频道必须适应融媒体时代自身角色的改变

电视台总编室为什么要对本台栏目组的节目制作能力做出评估？因为电视台在融入第三方视频网站的合作中，已经由甲方转变成了乙方（之前是向台外节目制作公司采购节目的甲方，现在是向第三方视频网站供应节目的乙方），总编室需要评估本台栏目组生产的节目（或是这些栏目组的既有生产制作能力）是否符合相关网站的基本要求，以及能否符合这个网站目标用户的收视行为习惯。这些评估，都必须结合相关的统计调查数据来进行。

当前，各大实力雄厚的传统电视媒体在媒体跨屏融合的道路上已经形成了一种非常成熟的模式，且形成了双赢的局面，这里可以列举几个具体案例：

2014年，湖南卫视将《爸爸去哪儿》第二季、《快乐大本营》《天天向上》《百变大咖秀》《我们约会吧》5档综艺节目的网络独播版权出售给了爱奇艺，湖南卫视版权费就能够从爱奇艺手中获得2亿元人民币，而该台的另一个王牌栏目《我是歌手》的第二季则以不菲的价格独家卖给了乐视。

作为国内大投入、大制作的顶级综艺节目，《中国好声音》会交付给哪一家视频网站进行独家播出备受业内关注，在2013年11月26日的腾讯视频推荐会上，浙江卫视宣布旗下《中国好声音》第三季独家落户腾讯视频，而此前好声音的第二季是与搜狐视频合作播出的。

这是实力派电视台普遍采取的做法，因为这些电视台虽是乙方，但其节目的生产制作能力却能使其站在卖方市场的主动位置之上，因此，这一类电视台可以凭着自身强大的产品力和资金实力在网络平台的合作中获得话语权，正是因为这样的马太效应，这一类电视台的生存空间非但未被崛起的互联网所挤压，反而，还因此而拓展了其发展的道路。

实力派传统电视媒体的另一个做法则是——自立门户！最典型的就是中央广播电视总台和湖南电视台斥巨资建设的官方视频网站，比如央视将2008年的奥运会新媒体转播权只交给了旗下央视网，而央视其他独家版权的节目，几乎都能在其央视网上观看（这在本书的第一章第六节中有详细阐述）；湖南卫视则是在这个层面上投入最大的一家省级卫视，该台建立了自己的官方视频网站"芒果TV"，从2014年开始，湖南

卫视采取了拥有独家知识产权的节目一律不在"芒果TV"之外的互联网平台上分销的举措，因此，其"芒果TV"APP一度在下载排行中位列第三！这绝对是传统电视媒体反击互联网夹攻且大获全胜的典范，更是传统电视媒体与新媒体跨屏融合的教科书式的范例！2012年，上海东方卫视开创了省级卫视开发独立视频APP的先河，用户可以通过这一款名为"东方卫视哇啦啦"的手机应用程序观看诸如《中国梦之声》《声动亚洲》《中国达人秀》等东方卫视的主打节目，而这款APP，也是东方卫视的观众粉丝们与各个栏目进行互动的唯一一移动网络平台。

传统电视媒体与互联网的融合，一定是双向嵌入，甚至水乳交融的，对于强势媒体而言，可以如前文所言，运用其强大的节目制作能力，将角色转变为互联网平台的内容供应商，当然，反过来也一样，有一些传统电视媒体，也让互联网的力量跨屏进入了电视平台。

首先介绍一个背景：当前，相当多的视频网站已经具备了自制视频内容的能力，而且，这样的能力已经直追强势传统电视媒体的实力。因此，当前有相当多的网络自制节目内容占据了网络点击率的大半壁江山，比如反响强烈的《奇葩说》《晓说》《天天看》《微播江湖》《人人那些事》《音乐下午茶》等大量的各大视频网站自制节目。这无疑极大的稀释了传统电视媒体制作实力的优势。在这样的情况下，有些电视媒体主动将互联网内容嵌入自身的电视屏幕，从而将网络用户引流回电视。比如由优酷网出品的、高晓松主持的一档脱口秀节目《晓说》，在互联网上推出后不久便反响强烈，继而浙江电视台斥资引入，在电视屏幕上，这档栏目同样取得了不俗的收视率。

这就是电视台和互联网的跨屏融合——竞争中合作、竞争中共存、竞争中互相成就……

而在这样的一些范例中，电视台总编室则扮演着和其传统电视平台上或相同或相异的角色，相同点就是，总编室在"舆论导向、内容审查、品牌打造和维护、节目编排、数据收集和分析"等工作上，其身份在传统电视平台及新媒体平台两个范畴中都是无异的，而对新媒体技术、形态、受众、相关内容的表现方式等方面趋势的准确跟踪和分析，则是其在原有职能之上不得不增加的一个重要工作内容。

央视4K频道的开通，可以说是电视行业生态环境的一次革命性进化，可以预见的是，其他的4K频道将会随之跟进直至普及，甚至现在有一些机构已经开始试验8K视频节目的制作，届时，观众对电视的观看体验会有质的提升。同时，5G通信技术的商用化，将会使得融媒体受众在各种应用场景中利用不同的便携式终端设备观看高品质视频节目成为现实，电视节目内容在5G时代的应用场景将会不断拓展，电视台的社会定位将会随之发生非常大的变化，电视台的职能、电视人的职能亦将随之而改变……

思考及练习题

1. 制定一套本班视频节目传播公众号与粉丝互动的方案，并具体的实施这个方案。

2. 在上述方案实施一段时间后，根据后台数据对这个公众号粉丝的行为进行分析，并形成粉丝"画像"报告。并根据这个报告的结论，对本公众号的互动方式进行完善和改进。

3. 请设想一些5G时代的电视节目应用场景，届时，融媒体观众观看或接收视频类信息的方式和体验将会发生什么变化？请站在你自己的角度进行联想并描述出来。

后　记

媒体的发展，究其根本，其实是内容信息载体的发展，从甲骨到竹简，到纸张，到无线电，到影视，再到数字化平台——人类传播的内容，本质上是没有变化的，只是承载这些内容的载体发生了变化，以及传播者的话语体系发生了变化。

以近现代的观点来看，自从有了电视以后，人类的信息传播就以可视化为主，到了互联网时代，人类拥有了电视以外的第二块屏幕，至手机智能化时代，人类又拥有了第三块屏幕……人类的可视化信息传播，从单屏时代步入双屏时代，继而步入多屏时代，媒体融合，又让这样的状况发生了微妙的变化——人类传播可视化信息的方式迈入了"跨屏化"的时代。

融媒体不仅仅是一个趋势，而且是一个正在发生的革命，融媒体使得人们获取信息的方式从以前需要从互不交叉、互不相干的各种渠道去搜罗，转而在一个屏幕上就可以完成不同形态、不同风格、不同定位的信息获取。而我们获取信息的渠道，人类传播信息的载体究竟还会出现什么样的变化呢？

一、可穿戴设备

这是发展趋势之一，当前的视觉科技已经迈入了VR（虚拟现实）时代，VR为人们带来的是全新的、立体的、仿真的视觉效果，这是平面化的屏幕无论如何也达不到的一种观赏体验，因此，可穿戴的视觉设备，就成为VR视觉时代的首选，届时，人们完全可以在可穿戴设备中，获得与真实世界的三维感知一模一样的视觉体验。同时，融媒体的终端载体，也就会以这样的设备为主，融媒体的内容信息，也会以这样的视觉体验为导向。

二、无屏设备

从现有科技水平发展的趋势来看，无屏时代似乎还有一定的距离，虽然现在的全息投影技术已经有了一定的突破和进展，但离人们对"真实的视觉效果"这个要求还相距甚远，但这却也是一个必然的趋势，人们观看可视化信息，一直以来都受到屏幕或某种体积设备的制约，人们也只能在一个画框里获得仿真度不是那么强的影像，但无屏设备的成熟，必然会给人们带来1∶1全真的影像观看体验，这也是当前许多高科技企业或研究机构研发的一个重点，可以预见的是，这样的设备，必然是可穿戴设备之后的又一次革命，届时，人们获取可视化信息的方式，以及我们的融媒体内容制造导向，可能又会发生一次本质化的变革。

三、未来媒体带给受众的体验

人类传播信息的方式，从文字到声音再到图像，是一个信息受众体验从可读到可听再到可视的发展历程，人类以视觉和听觉从媒介上获知信息，而从当前的科技发展趋势来看，触觉和味觉，极有可能成为未来人类获取信息时可以获得的感官体验，届时，人类在传播媒介上接收的信息，必将更立体化、多维化。

参考文献

《电视栏目和频道辨析》史可扬著　中山大学出版社2007年版

《中国电视专业化频道研究》　丁俊杰主编　中国传媒大学出版社　2012年版

中国之声微信公众号

中央广播电视总台微信公众号

中央广播电视总台新浪微博

人民日报微信公众号

《一条》公众号

《二更》公众号

《最内江》微信公众号

AC尼尔森中国官网

央视—索福瑞官网

易观智库千帆

图书在版编目（CIP）数据

融媒体与频道节目运营 / 李万才，王孟广编著. --北京：中国广播影视出版社，2019.8
（融合媒体系列丛书 / 陈祖继主编）
ISBN 978-7-5043-8327-3

Ⅰ. ①融… Ⅱ. ①李… ②王… Ⅲ. ①传播媒介－运营管理－教材 Ⅳ. ①G206.2

中国版本图书馆CIP数据核字(2019)第167888号

融媒体与频道节目运营

李万才　王孟广　编著

责任编辑	杨　凡
封面设计	智达设计
责任校对	张　哲

出版发行	中国广播影视出版社
电　　话	010－86093580　010－86093583
社　　址	北京市西城区真武庙二条9号
邮　　编	100045
网　　址	www.crtp.com.cn
电子信箱	crtp8@sina.com

经　　销	全国各地新华书店
印　　刷	河北鑫兆源印刷有限公司

开　　本	787毫米×1092毫米　1/16
字　　数	218(千)字
印　　张	13.75 印张
版　　次	2019年8月第1版　2019年8月第1次印刷
书　　号	ISBN 978－7－5043－8327－3
定　　价	38.00元

（版权所有　翻印必究·印装有误　负责调换）